World as a Perspective

世界做為一種視野

ALTERNATIVA FAKTA

另類事實

OM KUNSKAPEN OCH DESS FIENDER

關於知識和它的敵人

ÅSA WIKFORSS

艾莎·威克福斯——著　葉品岑——譯

目次

前言 007

1 抗拒知識 013

我們是不是愈來愈抗拒事實？
知識是什麼？
證據
懷疑
推翻信念的理由
抗拒知識

2 事實 049

事實虛無主義
對我來說是真的？
社會建構

川普時代的後現代主義
半杯水
一言難盡……

3 扭曲的思考 089
理性的動物
為什麼我們有千奇百怪的看法？
確認偏誤
政治動機性推理
怎麼解釋我們的認知扭曲？
頑固和逆火效應

4 謊言、假新聞和宣傳 119
語言與謊言
謊言

我們為什麼說謊？
知識和網際網路
假新聞
懷疑法
陰謀論
不實資訊和威權國家

5 學校的知識和批判性思考 173

瑞典學校體系的衰落
教育中的建構主義
學校研究和意識形態
建構主義的知識觀
一個民主的知識觀點
理解和批判性思考

6 我們能做什麼？ 215
完美風暴
批判地思考
來源批判
信任專家
辯論和事實查核
總結：我們該怎麼做？

致謝 263

注釋 290

參考文獻 302

前言

現實爭奪戰正全面開打。我們被假新聞、陰謀論和片面之詞淹沒。科學否定論不斷擴散，人們大談專業之死。許多世界大國由刻意忽視真相的政治人物領導，他們積極促成不實資訊（disinformation*），滋長分歧，破壞人們對知識機構的信任。就連最穩固的知識都受到知識敵人的攻擊——也許地球根本不是圓的吧？我們生活在一個後真相暨另類事實的時代。

「另類事實」一詞已成為當前社會發展的（某種）象徵。它源自對二〇一七年一月二十日川普就職典禮群眾規模的爭論。川普的新聞祕書史派瑟（Sean Spicer，僅當了六個月的白宮發言人）宣稱當天的觀眾是華盛頓特區總統就職典禮史上最多的一次。但證據會說話。二〇〇九年歐巴馬就職典禮的歷史照片顯示，那場活動的出席群眾規模明顯大得多，統計數字也證實當天售出的地鐵票多了很多。當史派瑟說法有誤的情況漸趨明

*譯注：假資訊可細分為無心悖離事實的 misinformation，和有意傷害而刻意誤導的 disinformation，兩者都是錯誤不實的資訊，差別在於意圖。

朗，人們開始納悶他（身為白宮新聞祕書！）怎麼會質疑顯而易見的事實。總統顧問凱莉安．康威（Kellyanne Conway）在電視上發表了一段後來備受討論的陳述：史派瑟不過是呈現了另類事實。

這個對事實置之不理的不負責任舉動令我憤怒。我認為哲學家貢獻所學的時候到了，本書就是我的棉薄之力。我想從哲學和心理學的觀點試著理解知識遭遇的威脅，並提供反擊所需的工具。本書從哲學的角度出發，著重於理解知識的內涵，為什麼真相得來不易，以及為什麼另類事實並不存在（第一章和第二章）。然而，本書也著重於理解為什麼人類這麼容易聽信謊言，以及一些會導致我們對既有知識置之不理的心理機制（第三章）。這些心理機制是我們的內部敵人。它們讓人陷入偏頗的、情緒化的思考模式，而且和知識的外部敵人進行危險交流——在具有毒性的信心混淆操弄之中，和有意識的謊言、假新聞與政治宣傳乳化成一片混濁（第四章）。關鍵在於，我們該如何保護自己不受眼前正在發生的事情傷害。學校無疑扮演要角，但不幸的是，我們有理由相信學校的能力不足以回應知識所遭遇的威脅。西方世界的學校如今充斥關於知識本質與批判性思考的錯誤觀念，無法建立對不實資訊的適當防禦（第五章）。我在最後一章討論該怎麼對付知識的敵人。把眼前的現象稱為這個時代最嚴峻的挑戰絕非言過其實，而我們都有義務盡一己之力，幫助時代度過難關。

各位要知道，知識很重要。人人都有權利選擇自己的信仰，這點毫無疑問。但假如你相信自己想相信、渴望成真的事情，而不是相信有憑有據的事情，你無法獲得知識——而無知是得付出代價的。反疫苗運動正導致麻疹擴散至歐洲各地：二〇一八年接獲通報的紀錄案件有六萬件，其中造成七十二人死亡，擴散速度在二〇一九年足足加快了一倍。這一切完全沒有必要發生。白宮裡否認氣候變遷的人使美國退出《巴黎氣候協議》（*Paris Agreement*），為地球帶來可怕的後果。而研究顯示美國總統選舉的決定因素，很可能就是假新聞，畢竟假新聞幫助川普在希拉蕊與他僅有些微差距的那些州獲勝。[1]

這一切當然不是因川普而起——因此也不會隨他而結束。不過，他是後真相時代的化身，我們可以從他身上看到所有構成後真相時代的元素。他對知識的漠不關心令人訝異，他不在乎自己決策背後的事實根據，而且不斷地任命欠缺職務專業的人管理各個領域。他和威權領袖結盟，像是普丁和奧班（Orban，按：匈牙利總理），而且將知名媒體稱為人民公敵（列寧最先使用的說法）。他喜歡陰謀論，和疫苗懷疑論者眉來眼去——而且他經常親自散播謊言或用其他方式誤導民眾。情況並未隨著時間過去而好轉。《華盛頓郵報》持續從旁記錄：上任第二年期間，他每天平均發表一六．五個錯誤或誤導性的陳述，相較之下，第一年「只有」五．九個。截至二〇一九年十二月，川普在總統任內累積的謊言和誤導性主張已經超過一萬五千個。[2]

寫作本書之初，我擔心美國的民主制度會在川普任內崩潰。結果證實，美國的民主體系比我想像得強韌——媒體和法庭還是穩如泰山。[3]隨著反民主勢力強勢進軍一個又一個國家，嫻熟地利用各種不實資訊，現在的我反而更擔心歐洲的前景。因為知識對民主社會很重要。威權領導人的第一步向來都是集中火力攻擊真相。影響人民最好的方法不是強迫我們去做事情，而是欺騙我們去做事情。今天的不實資訊破壞活動尤其危險，因為它們從表面上看不出來。它不是像蘇聯時代那樣用公開的政治訊息轟炸人民，而是製造假新聞和片面之詞，精心設計以便利用恐懼和焦慮，從而煽動我們積極地進一步傳播不實資訊。扭曲的世界觀不知不覺地影響了我們，被我們內化為自己的世界觀，而我們甚至沒有意識到它已經發生了。有人雄心勃勃地嘗試對傳播開來的資訊進行事實查核，但這樣的嘗試立即遭到質疑，隨後又以不實資訊和陰謀論動搖民眾對事實查核者的信任。現實爭奪戰已經逐漸演變為來源可信度（source credibility）爭奪戰，而且信任正在變得兩極化和政治化的趨勢清晰可見——即使在我的祖國瑞典也是如此。後真相就是後信任。

尖銳的衝突意見很容易使人不知所措，想要放棄對理性的信念以及找到真相的機會——這無疑正是後真相鼓吹者所樂見的發展。本書試圖抵消這種挫敗感，灌輸人們勇氣與信心。對抗偏頗和毫無根據，揭穿虛假並撥雲見日，最終找到有憑有據且清晰明確的真相是可能的。可信的來源和運作良好的知識機構確實存在——我們必須共同努力捍衛和支持它們。知識在歷史上曾多次面臨挑戰，不過它向來都是最終勝利的一方。畢竟，誠如哲學家亞里斯多德所言，人類是理性的動物。

斯德哥爾摩，二〇二〇年二月二十日

1

抗拒知識

我們是不是愈來愈抗拒事實？

「科學家：抗事實新型人類危害地球生存」。這個吸睛的標題出現在二〇一五年五月十二日出刊的美國週刊《紐約客》。文章描述抗拒事實的人看似擁有正常的接收與處理資訊機制，但這些機制基於某些不明原因已被消滅。他們對事實的反抗也隨著被餵養的事實數量增加而顯得更強烈。研究者假設從聽覺神經進入大腦的資訊莫名地被阻擋了，因而破壞了人類意識的正常功能。

這當然是一場惡搞。文章作者是諷刺作家波洛維茲（Andy Borowitz）。他對時下趨勢很敏感，而且懂得怎麼嘲弄趨勢。川普展開二〇一六年總統競選活動的整整一年前，波洛維茲預料到選後人人都會談論的話題：**抗拒事實**（fact resistance）。社會上總有人不遺餘力地以各種方式質疑有關我們所處世界的公認理解——陰謀論者、科學懷疑論者，以及神祕主義者。但過去一年發生的事似乎不同於以往。忽然間，我們好像不再擁有同一個現實，而且我們對世界樣貌基本事實的看法好像不再一致。這不禁令人納悶，會不會波洛維茲其實是對的，我們的腦內真的產生了某種阻塞。

這是怎麼回事，我們可以做什麼？為了查個水落石出，我們得從頭說起——搭配一點基本哲學。

事實是什麼？事實簡言之就是世界的樣子。舉凡瑣碎的日常事實到關於宇宙起源的事實都不出其範圍。事實有關於感受與思考的心理事實，關於失業、通膨和犯罪的社會事實，關於物種發展的生物事實，關於基本粒子及其運動的物理事實，關於我的廚房長怎樣的事實，以及名人感情生活的事實。稍微複雜一點且更具哲學性的答案是，事實是使事實陳述為真的東西：事實是**真相製造者**（truth makers）。關於世界樣貌的陳述——譬如有匹馬站在我的花園的這個陳述——不是真，就是假，端看世界的樣貌為何，哪個事實存在眼前。倘若真的有匹馬站在我的花園，那麼我的陳述就為真。

你立刻會意識到，世上有數量龐大的事實完全不為人所知——包括因為太過瑣碎而從沒被釐清的事實（我頭上有幾根頭髮），還有純粹就是不可能得知的事實（有關遙遠星系其他星球的事實）。世上可能還有很多事實是我們**無法**得知的，因為我們的認知能力就是非常有限。和宇宙誕生有關的事實大概屬於這一類。一個宇宙怎麼會憑空而生呢？這個問題的答案我們可能怎樣都理解不來。關於人類意識的事實可能也屬於這一類：一團灰色物質——腦組織——怎麼會創造出我自認熟悉的多采多姿的主體性領域。就算人類是認知容量（cognitive capacity）最高的動物，這個容量也是有限的——就好像我的狗狗艾略特永遠不會知道的事實多不勝數，因為牠的認知不足（譬如牠永遠不會知道地球是圓的），世上絕對也有我們人類永遠不會知道的事實。

因此，人類抗拒事實的陳述有點真實性——至少在某種程度上是真的。許多事實我們永遠不會知道，因為它們不值得大費周章，還有許多事實即使我們想知道也無法得知。在此同時，我們的好奇心無疑不斷地突破界限，所以試圖為我們能夠獲得的事實劃下外部界限不是個好主意。新科技使得觀測遙遠星系和檢查微生物成為可能。科學的解釋模型變得愈來愈繁複精密，而向來被當作謎團的事物，超越人類理解的神祕事物，可能突然間變得可以解釋——為什麼被放開的物品會從手中墜落，物種如何出現，而生命又是什麼。現代神經生理學在解釋意識的本質上可能已有長足進展。從這層意義來看，我們今天抗拒事實的強度是史上最低的。

「我們並未變得抗拒事實，我們是變得抗拒知識。」

你很快就會意識到，一個人若是真的抗拒事實絕對沒辦法在這個星球上活太久。為了生存，我們務必不間斷地吸收大量事實：關於何處潛伏著危險、如何取得食物和水的事實，還有關於其他人的事實。演化賦予我們種種能力，確保我們能透過諸如視力和聽力有效吸收環境周遭的資訊，在經過認知加工後，做出提高生存率的行動。當你聽見大象通過叢林的巨大聲響，自然會從牠經過的路線跳開，當你看到水，自然會把裝水的容器盛滿。演化絕不可能留下真的欠缺吸收事實能力的人。波洛維茲也認同這一點。他寫道，研究者希望事實抗拒性會在未來消散，而且初步研究發現顯示，人類若生活在食物、水和氧氣稀缺的環境，將會變得比較樂於接受事實。

關於事實還有許多有待說明之處，我將在下一章中繼續談論。不過，我們應該已經很清楚了，當前世界正在發生的事不太能描述成事實抗拒性的擴散。問題不是出在有很多事實突然間被人類排斥，覺得難以接受。被抵抗的事實，是專家和其他人都熟知的事——譬如關於氣候、人口成長、疫苗、移民和失業等等事實。問題出在我們基於種種理由選擇拒絕**知識**，或是我們沒有能力應付。我們並未變得抗拒事實，我們是變得**抗拒知識**。為了理解這個重要的差別，我們得深入思考知識是什麼。

知識是什麼？

當你用網路搜尋「知識」的圖像（我有時候會在教課前這樣做），會看到神經突觸間閃現光亮的大腦圖。想像知識位在我的腦袋裡是很自然的事。我讀一份文本，記住其中的資訊，而且可以透過一次考試或一次演講，告訴其他人我學到的事。但那也是一個完全錯誤的知識圖像。

首先，我們需要區分理論知識和實踐知識——分別被我們稱為 knowledge that（命題知識）和 knowledge how（能力知識）。理論知識是你可以在書本上找到的知識類型。它總是有特定的、陳述性的內容——是緊隨在「知道……」一詞之後的東西。我知道斯德哥爾摩是瑞典的首都，我知道歐巴馬生在美國，我知道電子帶負電。但我們的日常知識也是由龐大理論知識所組成。我知道我生在哥特堡（Gothenburg），我知道現在正在下雨，我知道車子在停車場。實踐知識就沒有這樣的思想內容。實踐知識應該被理解為一種技能，一種執行特定行動的能力。在瑞典語中（英語也是一樣），我們說自己會某些事時，想到的就是這種類型的知識——而不是我們知道什麼：我會閱讀，我會打網球，我會騎自行車，而且會說像樣的英語。

不意外的，實踐知識和理論知識之間有互動。即使意識的程度有高有低，所有行動都需要理論知識。舉例來說，若要騎自行車，我得知道踏板是用來前進的，而且人要坐在車座上——但我不太可能有意識地這樣想。哲學家長期以來一直在討論，實踐知識在多大程度上可以被簡化為這樣的理論知識。這個討論還沒有結果，但任何曾試圖透過電話教人騎自行車的人（我對向我借自行車的朋友做過這事）都會立即意識到，實踐知識不太可能僅僅是一種未言明的理論知識而已。

至於實踐知識，我們很容易就能瞭解它並不存在腦袋裡。騎自行車或打網球顯然需要大腦，但說這種能力存在於整個身體中比較符合直覺。相較之下，理論知識也不存在腦袋裡就不是那麼顯而易見。理論知識與我們的想法相關，而想法就在我們的腦袋裡，不是嗎？答案是構成知識的一個重要元件位於腦袋裡，但知識本身卻不然。

哪個元件？如前所述，世上有很多事實，而唯有在反思世界是什麼樣子的時候，我們才會察覺到這些事實的存在。但光想是不夠的。也許我喜歡推測其他星球上是否有生命，在讀了發現 Trappist-1（一顆距離地球四十光年的中等大小恆星，被七個與地球一樣大的行星圍繞著）的文章後，我心想，這些行星上一定有生命。但假如我們要擁有知識，光在腦袋裡想是不夠的——我還需要**相信**（believe）這些行星上有生命。我需要有**堅定信念**（conviction）。有一個想法（或想像某件事）和有一個信念之間的差別很大。如果你告訴我客廳裡有一頭大象，我會忍不住想著客廳裡有一頭大象的想法——但幾乎不會相信你剛剛告訴我的話。

那麼相信一件事需要什麼呢？哲學家通常會提起**當真**（holding true）這個概念。我相信地球上有生命，如果我當真的話。我相信冰箱裡有啤酒，如果我當真的話。為什麼區分想法（thoughts，沉思、幻想、臆測）和信念（beliefs）很重要？很簡單，因為當真（信念）是一種心理狀態，對我們的心理有截然不同於想法或幻想的作用。最重要的是，信念對行動至關重要。如果我只是幻想著冰箱裡有啤酒，我不會走向冰箱拿啤酒。或者舉一個更明顯的例子：我在人行穿越道等待過馬路時，在真的相信跨越馬路是安全的之前，我不會跨出一步。

知識需要信念的事實，帶來了一些有趣的後果。舉例來說，為了獲得關於氣候正在發生變遷這一事實的知識，閱讀有關氣候變遷的書是不夠的。如果我沒有相信書本所說的，如果我不接受其內容為真，我就沒有獲得關於此議題的任何知識。這意味著知識的傳播不僅涉及擴散資訊，還必須使人們相信資訊中的主張。這就是為什麼傳播知識本身也如此重要。有鑒於信念對人類行動產生的特殊作用，僅告知另一個人事情的樣貌是不夠的。要是她不接受我們所說的話，要是她不被說服，她就不會改變自己的行動。不相信吸菸會致癌的人不會有動力改變自己的行為。

「知識的傳播不僅涉及擴散資訊，還必須使人們相信資訊中的主張。」

信念之所以重要，也和英國哲學家米蘭達．弗里克（Miranda Fricker）稱為**知識不正義**（epistemic injustice）的問題有關。[1]知識不正義是指如果一個人的信念不被嚴肅看待，總是受到質疑（出於對性別、族裔、階級、年紀等等的偏見），總有一天會開始懷疑自己所持的信念，即便她完全沒理由自我懷疑。這樣的人於是將被剝奪本來能夠擁有的知識。

我們多數的信念非常瑣碎，以至於我們鮮少、甚至從不曾費心去刻意思考這些信念。我當然相信自己有兩條腿，但我上一次刻意這麼想是什麼時候的事了？我也相信我的公寓地板是穩固的，我可以在上面行走，我相信馬比螞蟻體型大，我相信月亮不是一片乳酪。這些信念是我們認知體系的一部分，它們影響著我們做的事和我們推理的方式（假如我不認為地板夠穩固，我的行為會非常不一樣），但它們還需要某個特別的東西才能被我們有意識地想起。同時，有很多信念似乎不太容易被我們察覺。這點當然已經被佛洛伊德強調過了，即便他著重的是人類的潛在欲望（通常是性的欲望，像是想要娶自己母親的欲望）。佛洛伊德的理論在今天受到愈來愈多質疑，尤其是它們的科學基礎和可驗證性。佛洛伊德本人將他發現潛意識形容為史上最偉大的發現之一（可比發現太陽系），但很多人如今認為被佛洛伊德歸屬於潛意識的功能完全是子虛烏有（例如和精神官能症起源有關的問題）。[2]另一方面，當代研究顯示要知道自己相信什麼事可能相當的困難。

近年來，所謂的**內隱偏見**（implicit biases）特別受到關注。藉由邀請人們做快速連結的測驗，我們有可能檢視有關性別與種族等議題的無意識假定。[3]測驗的目的是釐清**系統一**的運作，也就是尚未被我們的反省和審慎評估能力（即我們的慢想，或稱為**系統二**）過濾的無意識的快思。[4]經過這樣的測驗後，事實證明在做連結時（像是關於男性與女性的連結），就連自稱不帶偏見的人所呈現的模式，完全就是存有偏見的：人們把家、小孩與廚房和女性做連結，把事業與力量和男性做連結。我自己也做過一次這種連結測驗，得到的結果有點令人沮喪。這裡的重點當然是我們該如何詮釋這些結果。有種詮釋認為，這些結果其實是隱藏的信念（concealed beliefs）：我可以說，我相信女性成為工程師的能力和男性相當，可是同時我的隱藏信念卻認為女性成為工程師的能力不如男性。內隱連結確實會影響人類行動的事實，為這個詮釋提供了一些證據。[5]

不管怎樣，就算信念顯然是心理狀態，確切知道一個人相信的事並非總是那麼容易——有時候，你必須檢視你的行為才能知道。川普可能十分堅信沒有人比他更尊重女性了（誠如他所宣稱的），但他的行為顯示這是自我欺騙。

我們於是辨識出了知識的其中一個構成元件：信念。它是對行動有重大影響的心理狀態。所以說（有意識或無意識的）信念位於腦袋裡，基本上不具爭議，雖然我們並不清楚它確切位於大腦的哪個部分。[6]受惠於測量大腦活動的技術愈來愈強，像是使用功能性磁振造影（fMRI，一種用來測量大腦活動的磁性攝影機），神經生理學的領域目前正處於迅速發展的階段，因此我們也不斷獲得關於大腦哪個部位決定各式各樣認知功能的新知。然而，還要經過很長的一段時間，我們才能將特定心理狀態（像是信念或疼痛）和特定神經生理學狀況做連結。兩者之間的關係甚至有可能根本沒有那麼簡單，而我們的大腦可以透過許多不同的方式使同一個狀態發生。無論答案是什麼，宣稱信念位於大腦中依然是合理的。那為什麼我們不能說知識也存在大腦中呢？

「知識不等於信念，無論信念多麼強烈。」

我們的答案最早可上溯至古典時代大哲人柏拉圖（Plato，西元前四二七至三四八年）的作品。柏拉圖在他的對話錄《泰鄂提得斯》（*Theaetetus*，約寫於西元前三六九年）討論知識的概念。對話錄描述柏拉圖的老師蘇格拉底和數學家泰鄂提得斯之間的辯論，蘇格拉底請泰鄂提得斯說明知識是什麼。泰鄂提得斯先是主張知識是我們感知或感受事物的方式，不過他很快就被自己的答案困住了。蘇格拉底指出我們的感覺有時是矛盾的。看起來柔軟的東西，摸起來可能堅硬，在這樣的情況下，我們必須使用**判斷**（judgement）來查明它究竟是不是柔軟的。知識因此不能等於我們對世界的感覺——我們對世界的感覺，依附在我們的判斷或信念之上。不過，泰鄂提得斯立刻意識到，也不能說我們的判斷就是知識。畢竟判斷總是有出錯的時候。我們有可能把不存在的特徵加諸於世界（我們相信眼前的牛是馬），但世界無法擁有它不具備的特徵（牛不會是馬）。以此類推，知識一定是超越判斷本身的東西：而且判斷**為真**也是知識不可或缺的條件。

古典時代以降的哲學家都接受柏拉圖的結論。知識的必要條件包括做出判斷（有一個信念），而且那個判斷必須為真。如果沒有正在下雨，我無法得知正在下雨。這句話也許顯得不證自明，但其重要性不容小覷。首先，它意味著知識不在你的腦袋裡，誠如前文所述。我的腦袋相信正在下雨，但我相信的事是否為真，取決於真正的天氣狀況，也就是我的環境。這也就代表，知識不等於心理感受中的**確定性**。只要事實證明我的堅定信念是假的，即便我堅信自己是對的，也不會擁有知識。當川普堅稱二〇一七年一月二十日他在華盛頓特區宣誓就職時陽光普照，他可能真的說服自己相信了這個說法。也許他太專注於那個當下，以至於他真的相信陽光普照，儘管那時候正在下雨。也許他有瀕臨病態的自我說服能力。但這依然不代表他擁有知識——不代表他認為陽光普照是對的。當時下著滂沱大雨。

這是很基本的，而且值得再說一次——**知識不等於信念，無論信念多麼強烈**。有時候你會覺得自己瞭解某件事，可能強烈地感覺自己是對的，但假如信念並不是真的，你就不是真正瞭解正在談論的事。如果你主張氣候正受到人類活動的影響，而我持相反的主張，我們倆不可能都擁有知識——我們一定有一個人是錯的。借用這個時代最偉大的啟蒙學者羅斯林（Hans Rosling）在丹麥電視上討論難民問題時所說的話：「不，不，我是對的，你是錯的！」有時事情就是這樣，而且有時你必須斗膽地實話實說。這不必然意味著你在批評那個錯的**人**。你批評的是**陳述**，而你這麼做是為了找到真相。當我們有錯誤的信念，多數時候不是我們的錯，而是因為運氣不佳。我將在書中多次提起這點。讀者現在應該掌握的重點是，正因知識不單是我們腦袋裡裝了什麼的問題（也就是，我們相信什麼），也是世界真實樣貌的問題（也就是，我們的什麼信念是真的），所以知識不是某種**私事**。

那麼，要怎樣才能說一件事是真的呢？古典時代另一大哲人亞里斯多德（Aristotle，西元前三八四至三二二年）提出了一個簡潔的答案：把沒有的說成有，是假，把有的說成有，是真。[7] 我們還能為真理的本質做任何補充嗎？很多人相信亞里斯多德在這裡表達的是哲學家口中的**真理符應論**（correspondence theory of truth），該理論基本上認為真理是由思維和世界之間的一致性組成：如果、也唯有我的信念內容（相信正在下雨）和世界真正的樣子（正在下雨）之間確實符應，我認為現在正在下雨的信念才是真的。真理符應論在這年頭有頗為詳細而複雜的討論。我無法在本書處理這些討論，但我會在第二章多談一些關於真理的事。現階段我們能提出的結論只有，一切嚴肅的真理理論都接受信念與真相間有個縫隙：意即，我認為正在下雨，不代表正在下雨。我可能是錯的。

因此知識不僅需要信念，而且需要信念**為真**。但這樣也還是不夠。想想現在你的工作場所有多少人正在喝咖啡。現在是上午十點，你猜測有十八個人正在喝他們的晨間咖啡。結果事實證明，現在的確有十八個人正在你的辦公室喝咖啡。所以這樣算是你知道嗎？答案大概是否定的。碰巧矇對，不等於擁有知識。柏拉圖也談到這一點。在成功說服泰鄂提得斯知識需要正確的判斷後，蘇格拉底指出我們還是不能把真信念（true belief）就等同於知識。蘇格拉底說有個職業就是這點的活證明——律師，他們的專長是說服人。假如一名法官沒看到任何顯示被告有罪的證據就被說服，進而相信某人犯下特定罪行，這名法官並不擁有知識——哪怕此人真的犯了那樣的罪。

因此，那個使真信念構成知識的遺失環節，是和支撐你信念的**理由**（the grounds）有關。碰巧矇對答案的人，沒有任何能支撐信念的充分理由。如果我問說，為什麼你相信有十八個人在喝咖啡，而你回答不出來，那就代表你不**知道**答案是十八個人。沒看見任何理由或證據就聽信老練的雄辯者或政治宣傳者的人，也沒有任何支撐信念的理由。在蘇格拉底的舉例中相信眼前被告有罪的法官之所以如此相信，不是因為有**證據**顯示此人犯罪，而是因為律師成功地操弄了法官。

哲學家因此同意，知識（至少）需要滿足三個條件：

- 你需要有一個信念，一種帶有特定思想內容的心理狀態（**正在下雨，地球是圓的，辦公室裡有十八個人在喝咖啡**）。
- 這個信念務必**為真**。思想內容務必在某種意義上與世界相符：正在下雨，地球是圓的，辦公室裡有十八個人在喝咖啡。
- 信念務必建立在某種充分理由或證據之上。碰巧矇對的人並不具備知識。

我們很快就會看到，談到抗拒知識時，最為重要的就是第三個條件——知識需要證據。接下來讓我們仔細地探討這個條件。

證據

在日常生活中，我們也許不是很常用到「證據」一詞，但證據對日常知識就像對科學知識一樣，是必不可少的。我出門購物時想著要再多買一些啤酒，你說我不需要，因為冰箱裡有很多啤酒。我問：「你怎麼知道？」於是你告訴我，你在我們出門前才剛看過冰箱。你於是給了我相信這份陳述的充分理由，就這點來看，你提供了證據給我。既然我有充分理由相信你，而你也因為檢查過冰箱所以有充分理由相信自己，我立刻被說服相信冰箱裡有很多啤酒，而且決定不用買了。簡言之，我們傾向相信有好的理由去相信的事。

這個例子說明了日常生活知識的兩大重要來源——兩個取得證據的重要方法：直接

源自我們的五感（我們看到的、聽到的和感覺到的），和間接（源自其他人，他們告訴我們的事）。兩者對人類的運作都很重要。

想想你的一天，以及一天中做的事。首先，你醒來。接著你大概會吃早餐，也許搭公車去上班，和其他人閒聊，完成分內工作，買菜，回家，然後煮晚餐。這一切看似簡單的動作，需要巨量的日常知識。第一，你得知道自己身在何處，還有怎麼在這個世界移動而不讓自己受傷。這是以透過五感所獲得的可靠資訊為基礎，通常是透過你看到、聽到和感覺到的東西（不過，眾所皆知，少幾個感官也能過日子）。我知道我家大門在哪，因此能開門去上班。支持我對大門位置信念的證據，來自我的視覺刺激（以及我對同一種刺激在過去發生的記憶）。我因為知道巴士正從我的右側接近而能避免被公車撞上，證據來自我的聽覺刺激。我知道公車票在口袋裡，因為我能感覺它存在那裡，證據來自我的觸覺感受。我進公司，發現十一點要開會，因為我的同事這麼跟我說。我在開會前閱讀一份報告，獲得能向同仁提出的新知識，那也構成我們決定做什麼的基礎。證據來自專家。然後在回家的路上，我知道去哪買菜，因為我記得店家的位置——以過往經驗為基礎的知識。

上述一切都很瑣碎，這或許說明了我們為什麼鮮少認真思考證據在日常生活中扮演的重要角色。儘管我們不會系統性地測試日常信念（例如我對我家大門在哪的信念），我們仰賴從自己的感官和其他人那邊得到的證據，就好像研究者在建構理論時仰賴證據一樣。一般而言，生活的一切都在預期之中，我們沒有理由費心思考為什麼我們相信我們所相信的事。可是當事情不符合我們的預期時，我們很快就會提出種種假設，然後測試它們。我回到家，發現我家大門的鎖打不開。我的第一個念頭可能是：**我拿錯鑰匙了嗎？**我檢查鑰匙，發現是平常的那副鑰匙圈，上面裝著無線遙控鑰匙。我心想，難道我走錯樓層了嗎，但看到隔壁鄰居的門上寫著「史文森」，所以樓層也是對的。這是很科學的思考方式，即便規模很小：我得到與我的信念相違背的證據（我的鑰匙可以用來解鎖我家大門），於是我立刻建構出各種或許能解釋狀況的假設，並「測試」這些假設。在這層意義上，日常知識和科學知識之間是沒有根本差異的。

「知識是認知勞動分工的成果，每個人都以不同方式對認知勞動分工做出貢獻。」

毫無疑問，我們的感官顯然是重要的知識來源。但我們很容易忽略其他人對我們的知識也相當重要。這有一部分是因為人不停地接收來自朋友和熟人的資訊：關於他們在哪裡、感覺如何、生活有什麼進展、計劃做什麼等諸如此類的資訊。我們通常相信他們說的話，而且通常有理由相信他們，也就是說，他們說的話為我們提供證據。假如有個朋友跟我說她現在人在城內，而且發現廣場有個大型示威活動，我有理由相信廣場有大型示威——就算我沒有親眼看見。然而，這也是因為我們對世界的多數認知，都不是來自親身經歷或朋友的親身經歷，而是我們向各種專家學來的。想想那些地理知識：大陸、海洋、山岳、城市、河川。也許你曾到很多地方旅行，但你不可能造訪過世界每個角落並加以測量。你的世界地理知識幾乎都是來自書本、報紙、電視、廣播和各種網路資料。倘若不能仰賴這些消息來源，你的地理知識會大幅地縮水，只剩下少許關於你所到之處的鬆散零落的信念。

知識是人類的共同創作：知識是認知勞動分工的成果，每個人都以不同的方式對認知勞動分工做出貢獻。這是個獨特的人類事件（human occurrence），而且明顯和另一個獨特的人類事件相連——語言。拜語言之賜，人類得以保存知識，並將知識從這個人傳給那個人，由這一代傳給下一代。知識的傳承有很長一段時間仰賴口述，這同時限制了知識的累積與轉移，但當書寫語言在約三千年前被發明（而後印刷術終於問世），人類知識大擴張的基礎就奠定下來了。我們不必每一代都從頭來過，而是像牛頓所說，可以站在巨人的肩膀上。我們可以在既有知識之上發展並探索新的真理。然而，這不僅僅是指研究方面的專業，也是指構成人類社會的交織網絡——汽車技工、烘培師傅、花藝師、運動員、音樂家、醫生、律師、政治人物等等。人類文明的崛起和人們在社會中各有所長、各司其職脫不了關係，而這也導致了人類在知識和專業上的勞動分配。

懷疑

有個重要且具有挑戰性的問題是，信念究竟需要多少證據（假設證據為真的話）才會成為知識。在日常生活中，這個標準不是非常嚴苛。我知道正在下雨，因為我醒來時聽見雨滴拍打窗戶的聲音。我知道我的車在停車場，因為我把車停在那裡。我知道冰箱裡有啤酒，因為你這樣告訴我。可是，凡事總有出錯的風險。也許我聽見的滴水聲是來自灑水器？也許我的車晚上被偷了？也許你說的不是實話——其實你把所有啤酒都喝光了？

仔細思考之後，我們很容易會認為若想宣稱某個知識存在，務必設定更高的標準。你也許覺得有特定證據還不夠——證據必須確鑿到沒有錯誤存在的空間。想確定正在下雨，聽見窗戶被打得啪嗒作響還不夠。我還需要看見和摸到雨水！想確定啤酒存在，我需要再次檢查冰箱。同樣的，我需要親眼看見車子還在停車場！知識不只需要充分的理由，知識還需要**證明**（proof）。

哲學的歷史說明了一旦採用這個思維，後續發展可能會多麼失控。在數學和邏輯中，證明的存在毋須贅言。若有某個公理和某個規則，你可以證明特定定理——你可以證明如果前提為真，那麼結論**肯定**也為真。然而，若你試圖把這個模式套用到對外部世界的知識上，就會出現很多問題。假設我聽見、看見也感覺到水滴，是否就此**證明了**正在下雨？差遠了。我看到的水可能只是某個好萊塢大製作的一部分（你若住過每個街角都有電影在拍攝的紐約，就知道這完全是可能的）。而且即便排除了這個情況，還有其他可能的情況。有可能我正在做夢。或者比做夢更誇張：我可能身處《駭客任務》的情境，我的感官（看見、聽見、感受到的水滴）來自一臺與我的大腦相連的電腦。在這樣的情況下，常見的所有感官證據都不再有意義。事物在我看來的樣子和事物真正的樣子不再有任何連結——看起來正在下雨不代表真的正在下雨。我基本上就是被耍了。

透過這樣的推理，我們走向了哲學**懷疑論**的討論：懷疑論認為，我們或許完全不具有任何知識。笛卡兒（René Descartes，一五九六至一六五〇年）大概是嚴肅看待懷疑論挑戰最出名的哲學家。他在名著《沉思錄》（*Meditationes de prima philosophia*）中，提到自己向來擔心一般所認定的充分理由並不夠充分，因此他決定要一舉剷除所有可能引人懷疑之處。他穿睡袍坐在壁爐前，開始檢視起對周遭世界的一般信念（common beliefs）——譬如他正坐在火的前面——然後思考這些信念是否能被質疑。他首先反省人類往往被五感欺騙。事物表面上看來是一個樣子，但真實的樣子卻是另一個。然而，這個懷疑不能無限上綱，畢竟五感僅在特定情況下誤導我們。但笛卡兒接著想到人類經常做夢，而且夢境感覺起來和清醒的生活一樣真實，起碼直到夢醒之前都很真實。於是，人能否百分百確定自己不是在做夢的問題就來了。假使不能，笛卡兒似乎就不能信任自己的五感。無論看起來或感覺起來都彷彿正坐在火的前面，但倘若一切只是做夢，這些視覺和感官洞察不會構成證據。他正在做夢的**可能性**，動搖了感知正常時候的證據功能。

笛卡兒表示這個懷疑帶有毀滅性的後果。如果人不能信賴自己的五感，我們就不能信賴任何仰賴觀察外部世界的科學——物理學、天文學、醫學。那數學總沒問題了吧？就算我在睡眠狀態，二加二等於四的真理也不會變。但笛卡兒相信就連這都能被質疑。也許我是錯的。舉例來說，我可能被某個總是讓我算錯和想錯的邪魔欺騙了。笛卡兒宣稱直到這個可能性被排除之前，我們都沒有充分理由相信數學陳述。一切知識似乎都被顛覆了。

「要求證明會引發疑神疑鬼的大崩潰。」

該如何回應這樣的懷疑論？笛卡兒本人並不真的是個懷疑論者——他只是想要一勞永逸地為一切知識找到無可質疑的理由，好讓他不再受懷疑折磨。他在自己的身上找到了解決之道。他可以懷疑一切，但有件事不能被質疑：那件事就是，他正在思考。這點無可質疑，因為懷疑就是一種思考。確定了這點之後，笛卡兒認為我們就不用再囿於懷疑論了。沒有我（I），念頭不會存在，於是他得知自己的存在。這就是名言「我思故我在」（*cogito ergo sum*）的涵義。

即便我們同意笛卡兒推論出我在的思路（不是每個哲學家都曾這樣推論），結果可能顯得乏味。假使我唯一知道的事是我思和我在，我要怎麼取回我自認為擁有的知識——我的所有日常知識，我對不同科學的知識，我的數學知識？很多人對笛卡兒的答案並不滿意。笛卡兒斷言，以他的存在做為前提，他可以證明上帝存在。一旦證明上帝存在，一切就真相大白了：既然上帝不是個騙子，他當然可以相信自己的五感及思考能力。若我們未能得到知識，那完全是我們自己的問題，因為這只是說明了人類在使用上帝賜與的天賦時太過粗心。所有懷疑就此一舉瓦解。不幸的是，他說明上帝存在的舉證沒什麼用（很容易就能指出它們不成立），而且不粗心大意就不會出錯的觀念，完完全全就是錯誤的。[8]

哲學的歷史清楚顯示，拆毀一切知識遠比重建容易。很多哲學家未能回應懷疑論者的挑戰。然而，我不打算參與這場辯論。另一方面，我想指出嘗試駁倒懷疑論者似乎不是太有勝算的策略。質疑懷疑論者的出發點反而更有幫助，而且有趣得多。著名英國哲學家摩爾（G.E. Moore）一九三九年在劍橋大學發表演講，狂妄地將講題訂為「外部世界的證明」（Proof of an external world）。[9]而且彷彿講題還不夠明目張膽似的，他竟在舉證時首先把一隻手伸到自己面前，宣稱「這是一隻手」，再伸出另一隻手宣稱「這是另一隻手」，於是他總結至少有兩個物品存在外部世界（也就是他的雙手），而外部世界的存在也進而被證明了。摩爾此舉背後真正的用意一直備受爭論。身為學術界資深的一流哲學家，他肯定不是認真相信外部世界的存在可透過舉起雙手被證明。有個詮釋認為，摩爾此舉的用意在於質疑懷疑論者的出發點。所有懷疑論的論點都建立在某種假設之上——譬如假設五感可以徹底騙過人類。透過舉起雙手並宣稱他知道自己有兩隻手，摩爾想證明，比起接受懷疑論者的任何假設，他有更好的理由去相信自己有兩隻手。若要摩爾合理懷疑自己有兩隻手，光是瘋狂的、懷疑論的假設（像是邪魔或《駭客任務》的情境）還不夠。

我認為讀者應從懷疑論的哲學討論中學到兩點。第一點是，知識不需要絕對確定性（absolute certainty），或稱證明。要求證明會引發疑神疑鬼的大崩潰。我可以根據水滴打在窗戶發出聲音，知道正在下雨，我也可以因為你說啤酒在冰箱裡，知道啤酒在冰箱裡——即便我錯了的可能性無法徹底被排除。只要我的信念為真，對知識而言就已足夠，哪怕我的理由並不等於我的信念為真的證明。如果事情出了差錯，儘管我有充分理由但信念卻被證明是錯的，這也就是說，我並不擁有知識。但**假如**信念為真，則我的理由足以讓我被看作擁有知識。這個立場通常被稱為**可錯論**（fallibilism），衍生自「可能犯錯的」（fallible）一詞。絕對確定性不是擁有知識的必要條件——理由只需要讓我（事實上為真）的信念有**可能**為真就好。[10] 我聽見水滴聲的事實，意味著外頭可能正在下雨，就好像你說冰箱裡有啤酒的事實，讓冰箱裡有啤酒變得可能。

讀者應該學著記住的另一點是，指出我**可能**是錯的並不構成對我的信念的反對。這是辯論中常見的情況。有人指出某特定信念或理論還沒**被證明**，**可能**是錯誤的，然後就把這當作反對該信念或理論的異議。舉例來說，二〇一六年十二月十九日瑞典《每日新聞》（*Dagens Nyheter*）刊登了一篇某位女性川普支持者的訪問，這名女子同時是氣候變遷懷疑者，她說：「科學是理論，對吧？科學不是真理。就像演化論——（氣候變遷）只是個理論。」毫無疑問，科學的確是由理論所組成的（不然還能是什麼？），但嚴謹的科學理論接受有條理的系統性測試，而且有強大的證據基礎，因此我們完全有理由相信科學。至於證據並不**排除**理論出錯的可能性，不代表我們有懷疑理論的道理：**證據的缺乏本身並不構成反論**（counter-argument）。反論需要嚴謹的反證（counter-evidence），倘若反證不存在（而無論是關於演化或氣候變遷的理論，反證都不存在），則科學理論充其量只是個理論，而且**理論上**有可能是錯的，也絕非有效的反對。

令人遺憾的是，川普任命的環境保護局局長（Environmental Protection Agency）普魯特（Scott Pruitt）用的就是這種推理。[11]普魯特於二〇一七年三月九日聲稱，我們不確定是二氧化碳導致全球暖化，此語引發研究圈一片譁然。他聲稱，我們還不能確定這一點。我們必須繼續調查此事。氣候學家暨前任環境保護局局長吉娜・麥卡錫（Gina McCarthy）立即譴責該陳述。她指出，知識講求的是證據，而不是你想相信什麼，關於全球暖化，有排山倒海的可靠證據顯示二氧化碳排放就是主因。她繼續說：「我不知道管理者還要科學家提出什麼才會懂。」[12]普魯特的論點是把缺乏證明，等同於推翻二氧化碳排放引起全球暖化的證據。事實並非如此──證據只需要有足夠的強度，而研究者也同意證據夠強，就是夠好的證據了。有份二〇一四年的氣候報告（摘要總結二千餘篇科學文章的研究）認定，二氧化碳排放量激增「極可能」就是造成五〇年代後被觀察到的氣候變遷的原因。[13]「極可能」對知識已是綽綽有餘。

推翻信念的理由

推翻信念的理由長什麼樣子？它們不只有一種樣子。首先，你可能有理由相信和我相反的事。假設我昨天把車停在停車場，將車門上鎖，然後走路回家。我據此相信車子就在停車場。而你碰巧在街上看到我的車，並這麼對我說，你於是給了我懷疑自身信念的理由。或者，假設我確信冰箱裡有啤酒，因為我昨天買了啤酒。後來我再次檢查冰箱，發現裡面沒有啤酒，這給了我理由去懷疑我認為冰箱有啤酒的信念。哲學家之所以稱這些理由為**擊敗者**（defeaters），是因為它們藉由提供指出信念有誤的證據，擊敗我們所持的信念。

另一種情況如下。我已經停好車，而且確信它在停車場。你告訴我，上週末那個停車場發生了多起盜竊案，有一半的車輛消失了。你於是藉著破壞我的證據，使我有理由懷疑自己的信念——雖然我昨天確實把車停在停車場，但那已不再是相信它仍然在停車場的好理由了。有時候我們對自己的信心會被動搖。我清楚記得自己買了啤酒放進冰箱。然而，你指出最近的我有些心不在焉（我這陣子都沒睡好），就好像之前的某天我自以為有買牛奶，但其實我根本就忘記買了。突然間，我有了懷疑自己記憶的理由。經由**播下懷疑的種子**就能破壞證據，這對抗拒知識的現象是一項非常重要的事實，我將在第四章討論不實資訊時深入詳談這一點。成功使用懷疑策略的眾人當中包括氣候變遷否定者，同時也被川普用來宣稱知名媒體全是「假」媒體。

我在前面說過，充分的理由就是使信念很可能為真，進而被當做知識的理由。在某個意義上，這意味著充分理由是客觀的——獨立於我的判斷。我認為窗戶溼了代表有可能正在下雨，因為窗戶水滴和雨水之間的確有可靠的連結。我**主觀認定的**充分理由不算數，**客觀存在的**充分理由才充分。這可能顯得有點不知變通，因為它沒有把人們所處的時空背景納入考量。假設我在十七世紀的瑞典長大，我可能相信世上有女巫，而且可能相信我有充分的理由這麼相信。我會看到某些女性似乎具有一般女性所沒有的能力，像是治癒疾病。我會從信任的人（像是村莊神父）那裡聽說我們之中住著惡魔。在那樣的環境裡，我相信女巫存在（乃至住我隔壁的女人就是個女巫）並不過分，而且我幾乎不會因此受到批評。在我所處的社會和時代裡，我怎麼可能知道女巫不存在呢？

「我們必須為測試信念和尋求證據的方法負責。」

這個推理也許顯得有說服力，也有哲學家接受這種推理。這些哲學家決定把充分理由和罪責與問責（culpability and responsibility）的問題做連結。他們認為，重要的是當一個人已經做了知識上**應該做**的事，就不能要她為錯誤的看法**負責**。我認為這是錯的，在研究中也如此主張。[14]首先，談論罪責與問責之於信念的關係有點怪。假設我因為聽見窗戶的水滴聲而相信正在下雨，我並不是**選擇**去相信。我的信仰，我的信念，都是一種心理狀態——不是一種行動。這個狀態一般而言回應的是證據，無論我想或不想都會發生。假如一臺卡車看似朝我駛過來，我立刻相信有臺卡車朝我駛來（除非我有理由相信一切只是視覺假象）。更重要的是，我認為提出充分理由單純是為了獲得真理，這麼做的目的不在於評估**個人**，而是評估**陳述**和**信念**。可是假如充分理由可以隨個人的看法改變，它和真理之間的關聯就喪失了。假如我相信茶葉占卜可以預測未來，我突然間就擁有了對未來提出陳述的充分理由——儘管茶葉和明天會發生的事之間事實上毫無關聯。

忽略這個哲學爭議不談，我們可以簡單地說，通常當我們談論充分的理由，有時我們心裡想的是客觀的東西（真正使某個陳述可能為真的理由），有時想的則是比較主觀的東西（至少讓人有藉口相信自己所相信的事的理由）。重點在於我們能清楚分辨兩者的差別，以及永遠要對心目中的充分理由抱持批判的立場：這真的構成支持我信念的證據嗎？又或者兩者之間其實毫無關聯？人們不斷尋找方法為我們想測試的假說提供堅實證據，恰恰就是知識形成的一個核心面向——遠離茶葉，靠近對照實驗。不能選擇自己的信念，不代表不用負起任何責任。最重要的是，我們必須為測試信念和尋求證據的方法負責。我將在最後一章回頭談這一點。

抗拒知識

基於上述種種，我若想擁有理論知識，（至少）必須滿足三個條件：我必須有一個信念，我的信念必須為真，而且我必須有充分理由相信信念為真。第一個條件和我的大腦有關——我的心理狀態。第二個條件和世界的樣貌有關。第三個條件則將前兩個條件綁在一起：理由將我的心理狀態與世界連結起來。

理論知識可以分成很多種。舉例來說，你可以區分日常知識（和我的日常生活、周遭環境及友人有關的知識）與科學知識。科學知識比日常知識更有系統，而且以受控制的方式被測試。然而，誠如我先前提到的，日常知識與科學知識之間並沒有根本差異。有時我們也會提到**實踐智慧**（practical wisdom），這是一種難以系統化並傳授的知識，但主要是指有能力明智地評估一個情況。踩高跟鞋又不帶地圖去健行的人大概都欠缺對山脈的基礎知識，但也有判斷力不佳的問題。

科學知識的區分更多——舉例來說，科學知識可以分成社會科學、人文科學和自然科學。方法論的差別也很重要。譬如比起自然科學，社會科學和人文科學較著重詮釋（文本、演說、文物等等）。然而，我們取得的理論知識是一樣的：都是關於真的、有憑有據的信念。[15]哲學家討論是否有特定科學知識比其他更基本，譬如物理學是不是最根本的世界知識。我個人對這個觀念抱持懷疑。有鑒於信仰知識與科學的人（我就是）有時會被指控帶有「科學主義」（scientism，所有知識都能被歸結為某種科學知識），我想強調相信科學不等於認為所有知識都能被簡化為科學知識（更別說化為某個科學知識分支，像是物理知識）。一九八八年我在牛津初遇未來的先生，當時他為了擄獲我的芳心而問說：宇宙為什麼存在？我們至今還在討論這個問題。[16]

「知識幫助我們實現目標。」

我們為什麼在乎知識？知識的**價值**是什麼？有些人聲稱知識有內在價值。假設其他條件都相同，有知識的生活因而會比沒知識的生活更好。這是真的嗎？借用哲學家彌爾（John Stuart Mill）的確切說法，當個不快樂的蘇格拉底真的好過當隻快樂的豬嗎？很難說。但有件事毫無疑問。即便知識沒有內在價值，它也有重大的**工具性**價值，亦即知識會幫助我們實現目標。假如我肚子餓想要取得食物，我必須知道食物在哪裡，以及該怎麼做才能到有食物的地方。假如不知道這些，我就得繼續餓肚子。誠如前面所提到，人類的生存本身就需要吸收事實的良好能力。比較簡單的物種不需要真正的知識——只要資訊能自外部世界轉移就夠了。一隻蚊子不需要有憑有據的真信念也能生存。因此，思考**知識**對生存有什麼額外貢獻是很有趣的。難道真信念還不夠嗎？第三個條件（充分理由）究竟帶來了什麼價值？

這個問題可以上溯至柏拉圖，通常被稱為**曼諾悖論**（Meno's paradox）。[17] 柏拉圖指出，倘若有個人的目標是前往拉里薩（Larissa），無論他是知道腳下的路會通往拉里薩，或是他很相信腳下的路是通往拉里薩的路，都不會造成任何不同。兩個狀態都足以讓他抵達拉里薩。柏拉圖主張知識創造一種穩定性，而這是沒有根據的真實信念無法提供的。假設有個人沿著通往拉里薩的路走，然後突然覺得似乎走錯路了，如果他有充分理由相信自己的信念，相較於沒有充分理由的情況，這個人有比較高的機會會繼續前進。圍繞該議題的辯論相當熱烈，但我認為柏拉圖的推理在很大的程度上是對的。任何有知識的人都能說出他相信某事的理由，而這無論對他的行動或他與其他人的互動都有影響。假設你和我站在十字路口，然後你突然選擇右轉，而你無法為自己的選擇提供任何理由，我會遲疑要不要追隨你。同樣的情況也適用於理論推理。假設我們要一起解決某個理論問題，你提出了一個解決方案，可是拿不出為什麼要這麼做的任何原因，我絕對不會被你說服。充分理由（證據）因而是我們能講道理並一起做決定的必要條件。所以我們可以合理假設，知識對人類很有價值，畢竟人類生存在很大程度上靠的就是溝通、討論和合作。

這讓我們想起過去一年人們談論很多的一件事：知識對民主的重要性。民主是什麼，它在多大程度上可以被單純理解為一種決策方式，又在多大程度上也包含了重要價值（像是關於弱勢族群權利的價值等等），實在不是三言兩語可以說清楚的。但有個基本觀念認為，政治決定反映出公民想要的社會，因此讓公民充分瞭解相關的社會事實，也瞭解可以使用哪些手段來實現目標，是至關重要的。我們應該追求哪個終極目標是一個規範性議題（normative issues），無法透過科學去決定（即使道德哲學對此確實有貢獻），但若要實現這些目標（無論它們是什麼），你需要瞭解現實是什麼樣子，以及要用什麼手段才會實現目標，而這需要以充分理由和理性論證為基礎的公開辯論。

二〇一六年美國大選讓我們看到民主若是欠缺知識所可能造成的悲劇。結果證實有三五％的投票者不知道評論家口中的「歐巴馬健保」（Obamacare）和《平價醫療法案》（*The Affordable Care Act*）是同一回事。因此，許多人投票廢除歐巴馬健保，卻沒意識到這將導致《平價醫療法案》的消失，並且使他們失去醫療保險。[18] 這是共和黨攻擊歐巴馬的醫療保險並為它命名所導致的結果。同樣的，說謊的政治人物可以成功讓民眾接受其實不具備正當理由的社會改變。當川普宣稱統計數字顯示謀殺案的數量正值四十五年來新高，他能讓民眾同意社會需要更多「法紀」。但真相是：雖然謀殺率從二〇一四到一五年有些微成長，但在歷史標準上是偏低的。[19] 因此知識之於個人與社會生存的工具性價值非常高，而這就是人們變得「抗拒」知識令人如此憂心的原因。

最後，讓我們確切說明什麼叫作抗拒知識。我在一開始就指出，問題不在於世上有人類無法理解的事實（這些事實永遠都會存在），而是世上有我們無法接受的**知識**。這是什麼意思？再次強調，我認為我們應該聚焦於知識的第三個條件：充分的理由，也稱為證據。最令人頭痛的問題是，我們（在某些情況下）會**抗拒證據**——我們不把信念建立在充分理由或證據之上。有鑒於證據和真相有關聯，這代表我們很多時候都沒有接近真相。

我們可以將證據抗拒或知識抗拒區分為兩種：一方面，這是關於我們（或多或少有意識地）避免獲取相關資訊並且嚴謹地測驗我們的信念。我們不擅長觀察，我們偏好相信那些證實我們已知資訊的來源，而且我們不會刻意去檢查來源的可信度。另一方面，即使獲得了相關資訊，我們還是會繼續相信沒有充分理由相信的事情。我們相信自己**想要相信**的事，而不是**有理由相信**的事，這代表我們表現得並不理性。心理學家稱之為「動機性推理」（motivated reasoning），而我們將看到，這是所有知識抗拒的一個關鍵因素。[20]為了說明人為什麼會這樣，我們必須檢視知識的內部與外部敵人。在第三章中，我將討論兩種知識抗拒背後的各式心理機制，接著在第四章討論外部機制，也就是與內部機制互動並造成我們今日所目睹的大規模知識抗拒現象的種種謊言及其他不實資訊。

不過，首先我們必須處理一個更基本的挑戰：對世上有我們可從中獲得客觀知識的事實的根本質疑。

2 事實

事實虛無主義

二〇一六年的美國總統大選有很多令人震驚的相關消息。其中尤其驚人的陳述來自川普的發言人史卡蒂・奈爾・休斯（Scottie Nell Hughes），她在接受美國國家公共廣播電臺（NPR）的訪問時說：「很遺憾的，事實已經不存在了。」這是她就川普聲稱那年十一月大選有數百萬人非法投票的對外回應。川普和任何人都拿不出支持這番言論的絲毫證據——但既然事實都不存在了，證據又有何用？

同樣令人震驚、發生在瑞典的例子是二〇一五年春天全國熱烈討論的一個話題。赫爾辛堡（Helsingborg）某成人教育中心的代課老師在教授猶太大屠殺的歷史時，一名學生質疑猶太大屠殺真有其事，而後老師禁止同學在課堂上做此討論——後來，該名學生被請出教室。學生覺得深受冒犯。課後，學校協調員召見代課老師，詢問他對情況的處置方式。老師料到了後續的可能發展，於是將對話錄音存證發送給媒體。別的不論，協調員在錄音檔中說「我們認為的歷史是從書本上讀到的歷史」，當你的學生讀了其他的歷史書籍，做老師的根本沒必要拿「事實硬碰硬」。[1]

當然啦，這些陳述背後確切的涵義很難釐清（我稍後再回來談）。[2] 然而，且讓我們把事實不存在的主張定調為**事實虛無主義**或**否認事實**。關於事實是什麼的哲學討論，就是事實的**形上學**。我在第一章曾說過，事實是某種**真相製造者**，可是我們如何理解這些真相製造者的本質呢？有些哲學家形容事實為特性的**體現**（exemplification of properties）：桌上有一顆紅蘋果，意味著紅色和蘋果的特性在（此時）此地的此物中被體現了。其他哲學家對這個事實和特性的觀點比較懷疑。哲學家也討論人們應該如何理解不同事實**類型**之間的關係——譬如心理事實和物理事實。假如我感覺疼痛，這個疼痛有可能和一些特定神經生理學過程相關。所以我感覺疼痛的事實，是否完全等同於這些神經生理學過程發生在我大腦中的事實？同一個事實恰巧被賦予了不同的描述。舉例來說，在描述一幅畫時，你可能會形容畫中的母題（motif），也可能會形容畫布表面的顏料分布。因此，心理學家和神經生理學家有可能描述著完全相同的事實，卻使用了不同類型的術語。儘管這個理論爭議重重，有一點是毫無疑問的：沒有幾個哲學家會否認世上有事實。

當哲學家說起虛無主義，通常是針對**價值**的發言——像是善惡啊，美醜啊。在普通用語中，我們頗不害臊地高談闊論價值，彷彿它們客觀地存在。殺人是錯的，帕德嫩神廟是美麗的。因此我們一般傾向認為說這些話是在如實表述事物——認為我們說的話不是對的，就是錯的，就像提出去年瑞典的謀殺案數量，或帕德嫩神廟的所在地。但有關道德或美學的**事實**究竟存不存在，並非如此顯而易見的事。有些哲學家主張相信這類事實存在，不過是個天大的錯覺。世上沒有客觀上善或惡、美或醜的事物。也有人主張用「殺人是不對的」之類的陳述來描述世界是一種幻想：我們相信自己正在發表關於善惡的事實陳述，因此認為自己說出了可以被判定為是或非的話——但實際上，我們不過是表達了個人感受。**謀殺有罪！**當中沒有任何知識可言：沒有道德的堅定信念或構成真理的條件（只有很多感覺），沒有證據也沒有真實性（veracity）。世上最出名的價值虛無主義支持者之一就是哲學家尼采（Friedrich Nietzsche，一八四四至一九〇〇年）。

價值虛無主義不是太受歡迎。相信道德事實存在的哲學家很多（美學事實的存在就不那麼常被接納）。舉例來說，這些哲學家認為謀殺孩童在**客觀上**是錯的，任何人對此事的看法都不能改變這點，他們還認為人可以獲得道德知識，儘管它和關於外部世界的一般知識有所不同。有個頗具影響力的觀念認為，我們可以透過嘗試找到自身的道德直覺（是非的立即性感受）和批判性思考之間的某種平衡，而獲得這樣的知識。[3] 透過使用對不同情況的直覺（譬如我可以輕鬆援救一名溺水孩童的情況），以及透過批判地從事推理與反省，我們可以獲得是非善惡的知識。

不管你對價值虛無主義的看法如何，事實虛無主義的本質顯然更為激進。價值虛無主義者通常假定，是與非的事實性陳述（「帕德嫩神廟在雅典」）和純粹表達感受的價值性陳述（「帕德嫩神廟很美麗」）之間，有一條相當清晰的界線。換言之，價值虛無主義者假定有一類陳述是帶有是非的，一切端看世上存在什麼事實。他們繼而主張道德陳述並不屬於這個分類。事實虛無主義則是另一回事，它以拒絕承認世上有任何事實陳述為基礎——關於世界的是非事實陳述。一旦你深入思考這話是什麼意思，很快就會感到語塞。當我說地球是圓的，放開手中的蘋果它會向下墜落，或我的左膝現在很痛，難道不都是事實陳述嗎？我們也不禁質疑根本的事實虛無主義是否真的前後連貫。事實虛無主義者肯定得被迫自相矛盾地宣稱「世上沒有事實」的事實陳述為真。當然，虛無主義者總是可以姑且一試，說就算事情自相矛盾也不重要，重點是我們還能相信什麼，以及我們真的有辦法討論這件事嗎？事實虛無主義是哲學的大規模毀滅性武器。

因此，讓我們把絕對的事實虛無主義擱到一旁，把討論的焦點放在和事實虛無主義有高度關聯的一些理論上。這些理論都是以質疑「事實是如何如何」的草率發言為基礎。

對我來說是真的？

在某些事情上，主觀性的存在似乎不可否認，而這和事實不受人類影響而存在世上的假設不太一致。譬如我的感覺似乎取決於我這個人和我的主觀觀點。而且在日常對話中，我們有時會說「對我來說……是真的」。難道這些發言都是分不清主觀和客觀嗎？

我認為在這種情況下，人們的意思往往相當清楚易懂。假設你和我正在討論前些時候我們都有參與的事件。我認為整個事件令人感到相當不快，你認為不值得為此煩心。我可能會接著說——「實話告訴你」（to tell you the truth）——至少對我來說，那件事令人感到不快是真的。我這麼說的意思是，情況在我看來是令人不快的——我感到不快。至於我是否有理由不高興並不是重點。這是一種很常見的自我表達方式，也完全合理。某些情況的關鍵在於我們如何看待事物——而不是事物真正的樣貌。

關於他人生活的真相也是一樣。世上最誤導人的書籍類型莫過於自傳。自傳或許沒有包含關於傳主事蹟和時間年代的明顯事實錯誤，可是一部自傳就是在說一個故事——一個敘事（narrative）——而所有構成傳主生平的複雜事件，在故事中都已經過主觀觀點的詮釋和過濾。表面上，敘事脈絡的發展各自獨立，這點從後見之明的角度來看也許合理，可是它們當初絕對不可能和傳記所呈現的一樣清晰。讀者會以為傳主所做的一切都針對著日後使他功成名就的目標，但這當然是因為故事被過度簡化了。記憶研究也顯示人經常被自己的記憶欺騙，就連童年的決定性事件也被記憶重新詮釋和扭曲。任何試圖挑戰細說生平的人，都有充分理由強調自傳說的是她的「真相」，也就是她的故事，而不是一份所有細節都正確無誤的生平報導。

「一個陳述客觀上為真，代表它的真理不受到我們的信念影響。」

所以每當談起客觀真理和客觀事實時，我們指的究竟是什麼？這不是個三言兩語就能回答的問題。在這個脈絡下，我想強調客觀性的一個重要面向：假如一個陳述客觀上為真，代表它的真理不會受到我們的信念影響。[4]不管川普個人怎麼看，華盛頓特區在二〇一七年一月二十日那天下了雨是真的。有關天氣的事實不僅不受到**他的**信念影響，也不受到**任何人的**信念影響。絕大多數對萬事萬物的一般實證陳述都有這樣的客觀是非。關於我的童年事件的陳述，關於我的冰箱裡有什麼的陳述，關於群眾規模的陳述，關於二〇一九年瑞典謀殺案數量的陳述，關於氣候變遷和遙遠星球生物的陳述，每個都有客觀的是與非——它們的真相不受到任何人的信念影響。

然而，確實有一些類型的陳述，其真相會受到我們所抱持的相關看法的影響。舉個陳述為例：梅蘭尼亞·川普（Melania Trump）在就職典禮穿的禮服是最新時尚。決定該陳述是否為真的是什麼？在這個例子中，決定性因素似乎是特定人士的信念。如果**沒有任何人**認為她的禮服很時髦（就連最酷的風格大師都不認為的話），她的禮服就不時髦。有關時尚的事實，是被哲學家稱為**判斷依決**（judgement dependent）的一種事實——我們（至少是我們當中的潮人）**相信**某個東西很時髦，就是它時髦的原因。因此，時尚陳述沒有真正的客觀，它們的真相全然取決於某些人對時尚的想法。這不代表時尚是完全主觀的事。假如我認定緊身牛仔褲不時髦（因為我覺得它們穿起來不舒服），很遺憾的，這並不代表緊身牛仔褲就不時髦。和顏色有關的陳述大概也是如此。

當我說蘋果是紅色的，我有可能是錯的（或許光線出了什麼問題，讓一顆黃蘋果看起來像紅的），可是有可能**每一個人**都是錯的嗎？有些哲學家說不可能：「蘋果是紅色的」這個陳述的真相，並非與人們的看法全然無關，畢竟顏色不是完全客觀的特性——顏色有主觀的成分。[5]

另一個值得強調的重點是，沒有任何哲學家會聲稱**萬事萬物**都有客觀真理。我已經提出兩個被哲學家討論是否存在任何真相的領域：道德和美學。你真的不應該殺人嗎？帕德嫩神廟真的很美麗嗎？一個與此密切相關的例子，是如何詮釋文學文本。《哈姆雷特》有正確的詮釋嗎？[6]如果有的話，到現在都沒人發現而且出現了這麼多互斥的詮釋，是不是有點奇怪。確定存在的，是許多有關《哈姆雷特》的事實，關於莎士比亞想要傳達什麼的事實。關於劇本中用字意義的事實——包括成書時和在今天的意義（這些年來已發生了很多意義上的變化），還有關於不同時代的人怎麼看待《哈姆雷特》的事實。問題是我們有沒有任何理由主張，這當中有些事實決定了《哈姆雷特》的正確詮釋。難道情況沒有可能是，世上存在許多同樣有根據的文本詮釋，而我們以主觀程度不一的各種不同標準去評價這些詮釋？舉例來說，我們想要詮釋**令人感興趣**——我們希望它給我們帶來一些新意。這類事情並不完全是主觀的，而有些詮釋顯然可以被我們以不合理為由丟到一旁，無論詮釋者的觀點為何。捍衛每個文學作品（特別是像《哈姆雷特》這麼豐富的作品）只有一種正確詮釋的概念，實在有點勉強。

與**味道**有關的陳述則是另一個有趣的例子。現沖的濃縮咖啡比即溶咖啡味道更好，這是客觀的事實嗎？青花菜很美味是客觀的事實嗎？在這個例子中，願意捍衛客觀主義的哲學家少之又少。假如我喜歡青花菜，而你不喜歡，不代表我們當中有誰肯定是錯的。有些人對這個情況的解釋是，關於味道的陳述不具是非，而僅僅是個人感覺的表達——就好像有些人聲稱道德陳述不過是感覺的表達。所以說，「青花菜很美味」和「青花菜好好吃啊！」的意思大致相同。有些人則認為這當中存在某種相對的真相（relativistic truth）。根據這個觀點，當我說「青花菜很美味」時，我的意思類似「根據我的口味標準，青花菜很美味」，因此這番話由我來說可能為真，從你的嘴巴說出則是假（因為根據你的標準，青花菜一點也不美味）。

對客觀真理討論的其中一種反對意見是，它依附在某種教條主義和絕對確定性之上。舉例來說，思想史教授霍姆奎斯特（Bosse Holmqvist）在《保衛相對主義》（*Till relativismens försvar*）寫道，知識、政治和宗教的相似之處在於，它們都樂意「把相對主義當作欠缺教條主義的一種東西」。[7] 霍姆奎斯特表示，絕對主義者和客觀主義者滿足於現狀（status quo），而且認為批評是「負面的，會導致分崩離析」。絕對主義者沒考量到堅持某個普世且永恆的真理會帶來的社會與政治後果——他們低估知識壟斷的危害，而且心態近乎專制。

修辭學副教授瑪莉雅．渥瑞斯—蘇德伯格博士（Dr. Maria Wolrath-Söderberg）在二○一七年四月二十日瑞典《每日新聞》的一篇文章中提出類似的主張，她說「召喚真理」導致各種絕對確定性之間的對立深化。[8] 拒絕相對主義的她求助於對「至高真理」

（the Truth with a capital T）的信仰，相信世上唯有數學有確定性，因此我們必須接受社會科學「觀察、辯論並批判地評估與真理無關的問題」。類似想法支撐起把客觀性討論等同於絕對確定性和自詡為老大的後現代批評：世上沒有確定的知識，那些聲稱具備確定知識的人不過是在展現權力罷了。

「既然真理是客觀的，我們不該有絕對確定感。」

但這個推理是錯的。相信客觀真理不代表我們有理由感到確定——事實上，結果應該是反過來的：正因為真理是客觀的，不取決於人和人的看法，所以我們永遠不該有絕對確定感。無論我多麼堅信，我都可能是錯的。這是反教條主義的關鍵因素，它需要一個客觀的真理。我**可能**是錯的不代表我不知道，這點我稍早強調過（假如我是對的，而且我的理由充分，我就擁有知識）。然而，我可能是錯的讓我有理由虛心受教，聽取反對意見——前提是這些反對確實構成與我對立的論點。[9]然而，如果我們談的是純粹主觀的真理，虛心受教就變得沒有必要。在青花菜對我而言是什麼味道這方面，我不可能是錯的。在這個情況下，我的絕對確定感是被允許的，而我之所以可以如此，恰恰是因為就算這當中有絲毫的真理，那也是全然主觀的真理。假如社會議題確實像渥瑞斯—蘇德伯格所主張的與真理無關，則爭論根本不會發生，而且社會辯論中也不會有需要批判性評估的論點。[10]論證和批判性評估的重點在於判斷是否有充分理由相信某陳述，而這需要該陳述有是非對錯的可能。

你可能也想問，這些客觀真理的批評者提出「至高真理」是在暗示什麼。「地球是圓的」這個陳述為真——但是它算至高真理的真嗎？我必須承認，我不理解他們這麼做背後的想法。也許他們反對世上有「普世且永恆」的真理（借用霍姆奎斯特的說法）。但提出至高真理也只是讓我們更摸不著頭緒。地球是圓的，這是一個普世且永恆的真理嗎？是的，這個真理是普世的，因為這句陳述出自誰的嘴巴都不要緊，而且是永恆的，因為在什麼時候提出都是一樣的。在中世紀主張地球是平的，和在二十一世紀主張地球是平的，錯的程度一樣。[11]我猜他們提出「至高真理」真正的用意，和真理沒有任何關係，而是與**確定性**大有關聯。他們認為，相信客觀真理形同相信絕對確定性，但這個推理，請容我再強調一次，是錯的。

另一個重點是，不要把聲稱客觀真理存在和聲稱**我們**（人）都是客觀的搞混了。做一個客觀的人，你需要以證據為信念的基礎——謹慎地接收所有可以取得的證據，並且正確地做權衡。任憑自我感覺發號施令的人，或忽略某些證據並挑選對自己有利的證據的人，在這方面都稱不上客觀。我們將在下一章中看到，人往往很難做到客觀。但這不代表客觀**真理**不存在。即便每個人形成信念的方式總是無可救藥地主觀，我們的某些陳述仍會有客觀的是與非。

因此客觀真理與眾不同之處，在於它們不受任何人對相關事物的看法所影響。絕大多數實證陳述（還有數學及邏輯的陳述）都有客觀的是非。不過，世上也有不完全客觀的真理（像是關於時尚的真理），而且大概也有只能用主觀來形容的真理，因為它們完全取決於個人的觀點（像是口味）。但這不等於有一種普遍的相對主義——也就是，所**有真理**都取決於觀點。若要提出那樣的立場，我們需要一套不同的推理。

社會建構

我們確立了知識是有憑有據的真信念。然後我們確立了信念是一種心理狀態，而且這個狀態帶有可能屬實、也可能虛假的思想內容（thought content）。這裡說的**思想內容**是什麼？人們常說信念**體現**世界，而這是因為它們含有一些概念。假如我不具備**牛的概念**，我無法相信眼前的動物是一頭牛。不具備**啤酒的概念**，我無法被說服家裡沒有啤酒了。這些都是我們用來將萬事萬物分門別類的一般概念。舉例來說，我們把動物分成很多類，而且區分狗與貓、馬與牛。一旦我具備某個一般概念，就能把概念套用到某個東西上：艾略特是一隻狗。玻璃杯裡裝有啤酒。只要物品有我歸類給它的特性，我所持信念的內容就為真。

所以這些概念是從哪來的？我們提出的分類就是唯一可用的分類嗎？分類難道不就是某種社會慣例和人類構建世界方式？我們的概念和我們的語言有關，而語言無疑是種人類建構。這樣的話，我們怎能說真理是客觀的呢？

這全都與後現代主義的一個核心觀念脫不了關係。這個核心觀念是，既然我們用來描述世界的概念是種人類建構，我們得到的結果就是一種觀點主義（perspectivism）。在觀點主義中，真理總是和任何特定（但武斷）的觀點相對。舉個例子，社會學家拉圖（Bruno Latour）聲稱拉美西斯二世不可能死於肺結核，因為該疾病在西元前一二一三年他去世的時候還沒被發現。事實上，拉圖認為在我們挖掘出拉美西斯並發明檢查其遺體所需的X光現代技術之前，說拉美西斯二世死於肺結核不是一個事實。我們的概念和我們的科技，是細菌能穿越時空回到過去給他的身體一個新記號（肺結核）的先決條件。[12]尼采顯然是這方面的先驅。尼采認為，世界真的只是一團混亂，它的表面秩序只是人類任意的慣例（arbitrary conventions）及興趣造成的結果。客觀真理不存在，存在的唯有人類套用到世上的種種觀點（而強者的觀點才是重點）。我們發明一個概念——一種分類的方式——像是哺乳類，然後我們檢視一頭駱駝，並驕傲地大聲疾呼「看！一個哺乳類動物」。尼采聲稱這是徹頭徹尾的擬人（人類）真理，與這個世界無關。真正的藝術家看穿這一切，把自己從分類的束縛中解放，擁抱混亂。[13]

我們的概念是人類建構嗎？這問題不好回答。為了建構東西，我們需要先有一個概念。因此，我們不可能先觀察到由感官刺激產生的一個無差別主體，然後才決定以特定方式組織一切。哲學界巨擘、德國哲學家康德（Immanuel Kant，一七二四至一八〇四年）主張，有某些基本概念能將人類感官提供的數據加以組織，是所有思想與知識的前提。[14]譬如時間和空間就是這樣的概念，因此它們是所有認知生物（人類或其他生物）的必要條件：感官提供的數據必須依著這些概念組織。基於上述種種，康德認為這些概念不是人類的建構。[15]

康德當然不認為所有概念都是必要的。多數用語和概念以經驗為依據，意思是我們透過親身經歷習得。康德只是想指出，在親身體驗任何事情之前，或是獲得任何客觀知識之前，特定的基本概念是必要的。我們獲得體驗式概念的方式和時間是發展心理學家的研究領域。舉例來說，他們檢視幼兒如何習得第一批概念——關於對幼兒至關重要的分類的概念（母親、父親、食物）。這些概念使幼兒得以探索世界，而且構成了語言學習的基礎。隨著幼兒學習語言，她的概念庫迅速擴張，認知能力也跟著迅速擴張。語言使她具備了關於不可指之事物的抽象概念，像是時間和數字。最終，她的認知能力將達到能隨心所欲創造新概念的程度。不過這個能力學來不易，而且不是支撐起我們所具備的概念的認知能力。

但語言肯定就是以任意的慣例為基礎的人類建構了吧？而且如果語言對概念如此重要，不就等於是說，我們感知的現實充其量是語言的隨意創作？追求這個假說的人聲稱每個語言都創造屬於自己的概念母體（conceptual matrix），因而創造了屬於自己的世界。假如你說一種語言，我說另一種語言（特別是在語言學上關係不太親近的語言），我們永遠不能真正理解彼此，而且我們不住在同一個世界。於是某種語言學的相對主義就誕生了。我們通常稱之為**薩丕爾─沃爾夫假說**（Sapir-Whorf hypothesis），以兩位活躍於二十世紀上半夜的語言學家命名。沃爾夫主要研究霍皮族（Hopi people）的語言，該語言和我們熟悉的印歐語系語言截然不同。他的結論是，由於時間和空間在他們的語言中有截然不同的描述，霍皮族對時間和空間的理解也完全不同。薩丕爾的推理採用同一思路。舉個例子，他寫道，住著不同社會的世界就像各自獨立的世界，而不是以不同方式描述的同一個世界。[16]

這年頭接受薩丕爾─沃爾夫假說的人不多。部分原因是事實證明他們用以支持假說的證據薄弱。譬如沃爾夫不是透過研究霍皮族使用語言的方式學習該語言，而是透過書本學習。這導致他僅僅基於語言的表面差異（例如語法差異）就假設世界觀有重大差異。[17]近幾十年，認知科學家也檢視了語言影響思考以及人類看待世界方式的程度。譬如艾蓮娜．羅施（Eleanor Heider Rosch）在一九七二年測試了色彩字彙如何影響色彩感受的假設。[18]她研究新幾內亞的達尼族（Dani people），他們只有兩個描述色彩的用語：「mili」指所有深色，「mola」指所有淺色和亮色。她的結論是達尼族對色彩的區分和英語世界的人大致相同，而且記得各種色彩的能力也相當。後來的研究證實語言影響思考的看法有一定根據──特別是在比較抽象的概念方面（諸如空間、時間和因果關係）。[19]語言對抽象概念的影響比較大是頗為自然的事，畢竟我們無法透過和周遭環境的直接接觸學習這些概念。譬如說普通話的人傾向垂直思考時間（亦即由下而上，而不是水平的由左而右），而說英語的人鮮少這麼做。然而，沒有證據顯示說普通話的人生活在截然不同的世界，沒有能力理解說英語的人感知時間的方式。只要花點時間訓練英語世界的人使用垂直式時間概念，他們也能像普通話母語者一樣思考。[20]

因此，語言差異造成我們住在不同世界且彼此無法理解，是個不成立的說法。概念遠比語言更普世，而且即便我們之間有用語上的差異，卻不是無法克服的，因為這些差異可以在解釋後被理解。這一點也不稀奇，世界存在很多不同的物品分類法，但某些分類在解釋與預測方面比較有成效，因而變得普及。這既適用於日常分類（母親、奶、樹木和鞋子），也適用於科學分類（諸如化學元素和基本粒子）。有些分類對上述目的完全派不上用場，譬如**在星期二買的東西**。我們從「在星期二買的東西」這個分類能學到的很少，而且沒有辦法做太多有關這個分類的有趣預測（「啊！某某東西是在星期二買的，這代表某某東西一定也……」）。可是假如我把某個東西分類為狗，我立刻知道很多事實——狗是一種哺乳類，會吠叫，吃肉，而且可以被人類訓練。不可否認，這當中有個實用元素，因為這裡考量的是用途——但各個分類有什麼用途並不是我們能決定的。

這帶出了另一個重點。即使人類的概念在某種意義上是武斷的，即使它們是人類的「建構」，也不代表**世界**是人類所建構。我們不可能想到艾略特是個哺乳類卻不具備哺乳類的概念，但這不代表我們想法的真理取決於我們，或僅僅是某種「觀點」問題。我們本來不相信鯨魚是哺乳類——我們以為牠們是魚類。但我們錯了，儘管「發明」哺乳類和魚類概念的正是我們人類。此外，上述推理也不代表，人類的用語及概念真的都有可以對應的現實。失敗的概念在科學史（諸如燃素說和乙太[21]）和社會（女巫）中比比皆是。我們在選擇用語方面有一定的自由（儘管有些分類可能完全不堪用），但我們沒有決定這些用語的對應物是否存在世界上的自由。即便接受語言是一種社會建構，我們也不能說諸如狗和檸檬，電子和痲疹等用語是為了社會建構而生。[22]

當然，有些事實在某種意義上是社會建構。哲學家稱這些為社會事實。它們的特徵是預設了人類制度的存在：瑞典足球員拉坦．伊布拉希莫維奇（Zlatan Ibrahimovic）進球，我的汽車有投保，或八．九克朗可兌換一美元，都是如果某些人類制度和規則不存在就不可能實現的事。[23]當人類從地球表面消失時，這類事實也將全數消失。但並非所有事實都仰賴這些制度與規則：像狗、檸檬或痲疹這些東西的存在，都不需要人類制度。社會事實也需要非社會的事實的存在。拉坦進球，需要關於他的身體和球運動穿越空間的事實。假如沒有可用的語言，我無法描述這些事實，而語言可能是一種社會建構（只是可能而已，因為想像僅有一個人懂的語言是可能的）。當人類從地球表面消失時，對這些事實的所有描述都會消失，但事實本身不會。即使我們不在了，即使沒有人認識他們，世上仍會有狗、檸檬和痲疹。拉美西斯二世確實在西元前一二一三年死於肺結核，即使當時沒有人能夠**知道**，因為那個時代沒有任何人擁有肺結核的概念。

有些概念會騙人，因為它們不僅和我們的制度，也和我們的價值相連。有些像是自然的分類，但同時也沾染了人類的價值，經常使人犯下連串錯誤。性別概念是絕佳的範例。價值讓我們知道怎樣才是一個「真正的」女人，並影響我們對人的分類方式，從而使得有害結構得以延續。[24]**種族**的概念更糟糕：它聽起來在科學上是中立的，但其實缺乏任何科學根據，而且飽含各種價值。近年來，哲學家開始關切這些有問題的概念，於是建立起一個新觀念。當某個概念是有害的，當它造成壓迫的延續時，哲學家應該對此概念加以批判，並提出與有害價值抽離的全新的、更好的概念。[25]

川普時代的後現代主義

知識取決於權力大小，強者的觀點占支配地位，這些觀念背後藏著一個值得善加利用的見解。世界無限複雜，每個對世界的描述總會遺漏些什麼，至於哪些東西被遺漏經常取決於權力。歷史研究就是眾所皆知的例子。作家蓋耶爾（Erik Gustaf Geijer）曾說，瑞典的歷史就是瑞典國王的歷史——意指歷史是由強大的領導者推動。長久以來，我們的歷史教科書就是如此描繪歷史的，不過這種觀點逐漸受到愈來愈多的批評。關注擁有權力的特定個人時，我們簡化了複雜的因果關係，也忽略了其他關鍵的觀點。在一九六〇和七〇年代期間，我們開始頻繁地提到歷史需要強調「人民」觀點。身為奴隸、工人和農民的經歷是什麼？一眨眼，「人民」不僅包含了白人男性，還包含了不同族裔的民眾，以及婦女、兒童、跨性別者、殘障人士等等。因此，圍繞觀點打轉的討論在這個脈絡下是有道理的。這當然不是在說，歷史只是許多不同觀點的呈現，與真相無關。相反的，強調歷史有多種觀點是為了提供**更多的**知識，更多有關僕役、婦女、兒童經歷的知識，以及更多有關他們在歷史進程中所扮演的角色的知識。無論冒出多少觀點，世界的樣貌都不會因此改變。

女性主義認識論也強調正視女性知識的重要性。這不單單是為了指出男人在歷史上傾向無視女人的經歷而聚焦男人，尤其是有權力的男人，也是在說男人傾向忽略女人擁有的**知識**，例如她們對各種壓迫的知識。女性主義認識論的突破發生在一九八〇年代期間，如今已經成為一個擁有許多不同焦點的重要研究領域。某個有影響力的研究取徑檢視知識的社會面，強調一個人的社會地位會影響她獲得的知識，以及她如何獲得那些知識。譬如以男性為主的傳統認識論被批評太過個人主義，不夠注重需要合作的知識。[26]

「當你質疑對客觀性與真理的信念，就破壞了對充分依據與理由的信念。」

後現代趨勢強調不同觀點的重要性帶來了多少正面影響，抑或造成多大傷害，實在很難說。我認為它們在某些領域是有害的，特別是學術界（特別是某些人文和社科領域），但在學院之外的影響較難判定。最可怕的危害大概不是人們普遍採納了後現代理論，進而質疑起客觀現實的觀念。實際上，危害在於談論不同觀點使我們更難以回應政治宣傳和不實資訊，我們不再能簡單地說：**這是假的**！哲學家威廉遜（Timothy Williamson）指出，使用後現代思維的人往往傾向寬容。他們害怕冒犯別人，認為用是非分類信念是不寬容的做法。問題是，這等於是投下了讓川普等煽動者得以隱藏自己的煙霧彈。[27]假如一切都是觀點不同的問題，川普的觀點哪裡錯了？

在《紐約時報》哲學專欄「磐石」（The Stone）的一篇文章中，文學學者威廉斯（Casey Williams）嘗試把這問題攤開來談。[28]他強調近幾十年人文社科領域出現的後現代思想家聲稱，事實和真理都是社會建構，而且主張世上沒有客觀知識。這些思想家該如何回應川普？他認為，絕不是回頭求助於對客觀性與真理的信念，而是堅持就算事實是人創造的，也不代表所有事實生而平等。這個批判的手段可以被用來質疑川普版的現實：「我們可以不去問一個陳述的是非對錯，而是追究這個陳述如何以及為什麼被提出，還有如果人們相信它是真的，會產生什麼影響。把注意力放在知識如何被創造與利用，有助於讓川普這類的領導人對他們的言論負責。」這在哲學和策略上都是個非常特殊的觀念。當我們說所有事實都是社會建構，不過有些事實比其他事實「更好」，這是什麼意思呢？沒錯，釐清川普在移民、失業和犯罪數據方面發言背後的原因，沒什麼不好——譬如，為了讓他的支持者開心——但真正的重點是讓人看到他的陳述沒有根據，而且是錯的。當你質疑對客觀性與真理的信念，就破壞了對充分依據與理由的信念，這代表沒有機會回應危險政客蠱惑人心的陳述。[29]

另一個很明顯的問題是，憤世嫉俗者一直利用後現代的方法試圖破壞民眾對知識與真理的信念。有人暗示普丁的政治宣傳機器利用「不同觀點」的西方修辭坐收漁利。[30]我們也有理由相信這些觀念被極右派利用。一個相當惡劣的例子來自美國極右派代表切爾諾維奇（Mike Cernovich）的某次訪問。[31]切爾諾維奇經營的**切爾諾維奇傳媒**（Cernovich Media）不停在社群媒體播放右翼極端主義的看法及另類「事實」。他最初只是經營提供撩妹小祕訣的部落格，部落格名稱「危險和玩耍」（Danger and Play）

是受尼采名言的啟發（根據尼采表示，一個真正的男人想要最危險的玩具，也就是女人）。後來它變成政治性部落格，並在二〇一六年期間被用來攻擊希拉蕊。除了其他種種攻擊，切爾諾維奇還宣傳希拉蕊已進入帕金森氏症末期。他也是選舉年最驚人假新聞報導之一的背後主謀：抹黑希拉蕊是某個兒少性剝削戀童癖集團的領袖。假新聞的目標是避開主流媒體的「敘事」，呈現一個另類的世界觀，在這個世界裡，男人被女性主義者壓迫、移民正在摧毀美國，而且所有穆斯林都是恐怖分子（和川普的右翼、民族主義前白宮顧問班農〔Stephen Bannon〕所展現的世界觀大致相同）。在訪問中，切爾諾維奇深入思考主流媒體正在說謊的可能性，然後說：「『推特出現之前，你怎麼可能知道？我在大學可是讀過後現代主義的理論。如果一切都是某種敘事，我們需要主流敘事之外的替代選擇。』他露出笑容。『我不像是讀過拉岡（Lacan）的人，對吧？』」[32]

由於我的職業就是個哲學家，我想藉此機會指出，後現代主義從來不是哲學的核心。它的重要性當然有地理差異，但從全球觀點來看，只有一小群哲學家專注於傅柯（Foucault）、德希達（Derrida）、李歐塔（Lyotard）及其他主要的後現代思想家，而絕對多數做哲學的人並不注重後現代主義。[33]這個學科的主要領域是由分析哲學和分析哲學底下各種專門（且持續擴大的）研究領域所組成——語言、邏輯、科學哲學、心智、認識論、形上學、倫理、政治哲學等等。後現代主義對學術界最大的影響，主要發生在哲學學科之外。雖然在哲學界屬於邊緣人，後現代思維對人文社科非常有影響力。看到沒有哲學教育背景的學術圈，儘管不具備能真正理解與評估後現代理論的必要工具，卻主動擁抱如此激進的哲學理論，這讓身為哲學家的我感到不可思議。良好的科學習慣是在面對非自身專業領域的學科時小心謹慎。他們採納後現代思維很可能是因為這麼做在各方面顯得開明，但這絕非是信服一個理論的好理由。

半杯水

哲學理論當然不是滋生種種客觀事實懷疑主義的唯一溫床。當休斯說事實已經不存在了，絕不是因為她對事實的本質採取了某個特定的哲學立場。她其實是在玩一個當代社會的熱門觀念——一切都只是**詮釋**的問題。她說事實就和民調或惡名昭彰的半杯水問題一樣：每個人都用自己的方式去詮釋。把杯子說成半滿或半空，只是再次說明了我稍早提過的一件毫無爭議的事——同一個事實（譬如杯子裡有兩百毫升的水）可以用不同的方式描述。不過，杯子問題想傳達的重點顯然不在這裡，而是想指出態度會影響我們對世界的詮釋。悲觀主義者看見一個半空的杯子，樂觀主義者看到半滿的。這大概很接近休斯想要傳達的意思：我們有不同類型的數據（例如來自民調的數據），至於這些數據如何被詮釋，向來是取決於你的利益，而沒有哪一個詮釋比較有根據。

我們也許會有點訝異，她竟然用這個觀念來捍衛川普說二〇一六年十一月有數百萬人非法投票的不實言論。所有證據都顯示，選舉舞弊在美國是非常小的問題（儘管共和黨長期宣稱這是個嚴重的問題）。找出精確的數字自然是不太容易。但可以確定的是：我們沒有絲毫理由相信有幾百萬人非法投票，也不可能以其他方式詮釋證據。川普的陳述不是以證據為基礎，而是基於想為自己得到的普選票比希拉蕊少了近三百萬做辯解。

所有事物都可以有不同詮釋的觀念也許是康威提起「另類事實」的原因。毫無疑問，沒有人真的算出在國家廣場觀看川普就職典禮的確切人數。（封鎖區外面）沒有售票，也不用穿越旋轉柵門。實際上，估計數字的依據是群眾空拍圖。川普的白宮聯絡室主任史派瑟指控媒體刻意歪曲照片真相，給新總統的支持者潑冷水。但這也不是同一事實能做出許多不同但合理性相當的詮釋的好例子。如何根據空拍圖估計人數的研究是存在的，而研究者一致同意：歐巴馬二〇〇九年的就職典禮參與人數不僅更密集，而且分布得更廣。相較於川普的就職典禮，當時的群眾可能多了約三〇%。[34]

「專家沒料到川普會勝選是某個過度狹隘的觀點所導致。」

比較好的例子是民意調查。自選舉以來，這些問題已被大幅討論，因為專家的預測超乎想像地失敗。在選前幾週，《紐約時報》等媒體預測希拉蕊有八五%的勝選機會。川普惱怒地指責民調人員沒有訪問他的選民，還說這一切全都是反對他當選的陰謀。後來他真的勝選，而獲勝強化了他的論點，如今民調組織的失敗老是被他和他的夥伴們用來和專家與一般媒體爭論。根據川普的說法，專家和一般媒體以受到自身意識形態汙染的偏頗方式詮釋數據。

真相比他所以為的更複雜。總統大選前的民調不容易做，因為美國有以州為單位的選舉人團投票制度。一個州的選舉人團票數不是取決於該州的人口多寡。事實上，在聯邦形成的時期，就已經決定小州將獲得與人口不成比例的較多選舉人團票——這全都是可追溯至內戰時期的昔日衝突造成的結果。結果加州的一票相當於懷俄明州的三・六票。很多人辯稱這是不民主的。在過去，由於獲得全國各地最多普選票的候選人通常也會贏得選舉，人們對這個制度並不是太介意。[35]因此，若要正確地預測總統大選的結果，光是預測誰會獲得最多普選票還不夠。對二〇一六年普選票的預測之所以很成功，主要民調的平均誤差範圍不超過三％。他們沒料到的是，竟有幾個曾在二〇一二年壓倒性支持歐巴馬的州，在二〇一六年以微小的選票差距轉而支持川普（像是密西根州和威斯康辛州）。在這些州小贏導致川普拿下高得驚人的選舉人團票——三百零四張——與民調結果相反。

同時，我們有理由相信，專家沒有料到川普會勝選是某個過度狹隘的觀點所導致。專家認為像他這種人被選為總統是**難以置信的**。特倫德（Sean Trende）在二〇一六年六月的文章中形容，認為某事難以置信的假設是一種認知偏見或偏誤，並以專家預測英國脫歐公投失敗為例。[36]就公投前的民調數字來看，根本沒有理由認定脫歐不會發生。多數分析師認為差距小到無法做出牢靠的預測。儘管如此，專家們一致預測脫歐陣營會輸。特倫德表示，這個預測背後的動力是假設脫歐陣營的獲勝難以置信，而他們抱持這個看法又是因為他們屬於同質性相當高的族群，有著類似的看法和背景，全都認為脫歐會是場大災難，因此未能看見暗示脫歐陣營會獲勝的證據。特倫德在文章中也警告，同樣情況可能會在美國總統大選發生。我們現在知道他是對的，也知道專家沒料到川普會勝選，有可能就是因為難以置信的假設。又因為這些專家也是同質性相當高的一群人，對川普勝選難以置信的假設可能也就更牢固，於是他們錯過了種種指向川普勝選的證據。[37]

因此，數據不完整時，人們會根據自己的假設做詮釋，這個陳述是有些道理的。這通常不是指把證據詮釋得對自己有利，而是指無意識的假設會引導人們做詮釋。在科學研究中也會看到這樣的情況，特別是詮釋實驗結果時，儘管科學詮釋受到更明確且廣為接受的原則所指導。實驗得到了一些數據點（data points，按：資料集裡一個可供辨識的要素，泛指一項訊息或事實），但這些數據點確切代表什麼不是理所當然的——需要參考各種理論考量和論點來決定。科學家找出能對數據提供最佳解釋的理論，舉個例子，在某次和《Metro》的訪問中，三位專家（包括我）被問到真理是什麼，研究固態物理的教授克里斯黛拉·普林茲（Christelle Prinz）指出，真理是由原始數據組成，「其餘的都是詮釋」。（二〇一七年一月二十五日）然而，她強調這些詮釋可以被進一步測試，而且透過這個方式是有可能得知真理的。根據實驗數據得知真理的困難程度，有時是看涉及的研究領域為何。我將在第三章討論幾種心理學實驗。從事心理學實驗的人，蒐集有關（規模夠大的）一群人在給定情況下的反應的數據，然後蒐集實驗產生的統計數字以便評估某個假說。儘管有明確標準可以濾除不合理的假說，數據通常支持不只一個假說——因此我們應該要非常小心，切記倉促從心理學實驗汲取結論。實驗能夠被複製也很重要，這樣一來，才能確保數據是可靠的。特別是在心理學界，人們知道實驗複製是很困難的，可複製的實驗很少。[38]

一言難盡……

有時候，數據被頗為刻意地操弄。瑞典最近針對犯罪數字與移民的大量討論就是一例。實在有趣，這個討論也是川普促成的。在二〇一七年二月十八日的演講上，川普突然提起瑞典。他前晚看了福斯新聞（Fox News）針對瑞典移民與犯罪所做的一個報導（他的「資訊」大多是這樣獲得），於是他疾呼：「你看看瑞典昨晚發生了什麼事。我說的是瑞典呢！誰會相信。他們接受大量（難民）。他們現在面臨過去從不認為會發生的問題。」瑞典民眾對他的發言感到納悶，因為前一晚根本沒發生什麼大事——肯定沒有發生恐怖攻擊。但川普不是指有恐怖攻擊發生了——他其實是在評論紀錄片導演霍洛維茲（Ami Horowitz）在報導中提出的一項陳述。曾在瑞典生活的霍洛維茲聲稱，別的不論，性犯罪和持武器的犯罪案件，因為瑞典在二〇一五年接受大量難民而驟增。他還說瑞典當局隱匿了性侵犯的族裔資訊。

霍洛維茲的陳述一部分是錯的，一部分則使人產生誤解。瑞典政府為回應川普發言引起的國際關注，在政府官網上公布了犯罪統計與移民的詳細資訊。[39]政府公布的資訊很多，其中包括瑞典謀殺率從一九九〇年的每十萬人一．三，降至二〇一五年的一．一，同時移民人數自一九九〇年代便持續增加。[40]資訊也顯示有通報警方的強暴案數字自二〇一二年逐漸增加，但這是好幾個因素造成的結果。強暴的定義改變了，政府持續透過宣傳鼓勵民眾通報這類犯罪，而且這類犯罪在瑞典的記錄方式和其他國家不同。假如一名婦女每天被先生強暴長達一年，將會被通報為三百六十五起強暴案——而在多數國家，只會被登記為一起強暴案。政府並指出關於移民背景和嫌疑犯之間的相關性自二〇〇五年起就再也沒被研究（不像一九九七至二〇〇一年都曾被檢視）。最後一次的研究顯示，犯罪嫌疑者擁有移民背景的可能性是一般人的二．五倍。不過，政府強調另有研究顯示這個差異是因為童年的社經差距。

霍洛維茲的評論似乎是出於政治動機，而不是建立在證據之上。同時，政府有一些評論會讓人誤會。沒錯，瑞典的謀殺率現在是低於一九九〇年，但政府沒有提到的是，在此期間，美國、西歐和北歐其他國家的謀殺率普遍也都下降了。桑南達吉（Tino Sanandaji）在一篇文章中指出了這點，並直言政府沒提到幾個關鍵的統計數字：總體而言，西歐的謀殺率比瑞典下降得更多（最後一次調查是二〇一三年，從一．三降至〇．

六），挪威的下降幅度也超過瑞典（一・一下降至〇・四）。[41]然而，請記住很重要的一點，在使用北歐這類小國的暴力犯罪相關數據時務必謹慎小心。挪威的統計數字就是富有啟發性的例子，該數據顯示現行趨勢在二〇一一年出現了一次極端的中斷：謀殺案從二〇一〇年每十萬居民〇・六起，暴增到二〇一一年的二・二起。[42]為什麼挪威突然間變得如此暴力？答案是布雷維克（Anders Breivik，按：二〇一一年七月二十二日在挪威犯下造成七十七人死亡的恐怖攻擊）。

至於移民和犯罪之間的相關性，實際情況也比政府所說的更複雜。沒錯，移民人數自一九九〇年起逐漸增加的事實，顯示移民變多並未導致謀殺案總數的增加（不過，這無法排除瑞典要是少接收一點移民，謀殺案數字或許會更低的可能）。但上述資訊仍不能解答移民和謀殺率間究竟有沒有相關性。若要討論這個問題，大概得多做幾次二〇〇五年後就沒再做過的那類統計調查。[43]政府指出該研究發現多數嫌疑犯都在瑞典出生（而且有瑞典雙親），並強調絕大多數移民沒有涉嫌任何犯罪活動。這些陳述也是正確的，可是有點古怪。多數移民不是嫌疑犯有什麼好大驚小怪的——假如是的話，嫌疑犯的數量豈不是多到荒唐。值得深入瞭解的絕不是涉嫌犯罪者是否**大多**為移民（若是如此，那可相當令人驚訝），而是涉嫌犯罪者中的移民占比是否過高，而這正好就是二〇〇五年研究得到的結果。

情況真是一言難盡，就連政府資訊都有它的立場（雖然和霍洛維茲與川普犯下的事實錯誤無法比）。另一個難題是我們不擅長解讀統計數字，因此很容易被他人以統計數字誤導。基本比率謬誤（base rate fallacy）是眾所周知的認知偏誤之一。我懷第二胎的時候年近四十。有人告訴我，某種胎兒畸形發生在我身上的風險是一般產婦的**兩倍高**。這聽起來很糟糕，而我也擔心了起來。我犯了一個常見的錯誤：我完全沒去想這種胎兒畸形的一般風險有多高。事實證明每一百個新生兒中有〇．〇二個可能有這類畸形，就算風險加倍為〇．〇四，仍是低到彷彿不存在。查清基本比率向來都是我們該做的第一件事。在根據二〇〇五年的統計數字對外國出生並涉嫌犯罪者妄下結論前，我們首先應該查明確切的基本比率。[44]

一旦談起因果關係，情況又更加複雜。福斯新聞直接認定性犯罪及持武器的犯罪驟增是移民增加的**結果**，主要是二〇一五年湧入的難民潮所致。該說法並不正確，因為暴力犯罪數量是在過去好幾年間逐漸增加的，不能和二〇一五年抵達的大量難民做相關性連結。同時我們有必要指出，即便犯罪數字和移民數字**相關**，也無法由此得知兩者之間是否為**因果關係**。研究者對因果關係的認定非常謹慎：A與B相關，不證明A會導致

B。就拿吸菸與癌症如今毫無爭議的連結為例。早在一九六〇年代就有人指出，吸菸者被診斷罹患肺癌的可能性較高。美國菸草業代表試圖散布訊息，指稱吸菸具體導致肺癌一事還沒被證實（第四章會再提到）。這點後來被證明是錯的，可是它也有可能是真的。舉例來說，也許吸菸和癌症都是由第三因素（像是遺傳因素）所導致。這意味著吸菸與癌症間的相關性，不是一種因果關係，而是遺傳因素與吸菸、遺傳因素與癌症間的另外兩個因果關係所造成的。試舉另一個生活中的例子：某天被吃掉的冰淇淋數量與當天的溺水事故數量呈現相關。不用說也知道，這絕不表示兩者之間存在因果關係。吃冰淇淋和溺水的背後隱藏著第三個因素——天氣炎熱。

我們怎麼確定自己看到的是因果關係，抑或只是相關？自從英國哲學家休謨（David Hume）出版名著《人性論》（*A Treatise of Human Nature*，一七三九－四〇年），哲學家便不斷討論這個問題。休謨指出我們無法觀察因果關係。我們真正能觀察的是，首先某一件事發生，而後另一件事發生。綠色撞球擊中紅球，然後紅球突然滾了起來。我們當然忍不住會推論綠球擊中了紅球，而這就是紅球滾動的原因。但我們看不到因果關係——我們只是看到兩件事相關。

「『菁英』掩蓋真相的理論，往往傳播得比本來的話題更廣。」

所以移民和犯罪之間的關係呢？二〇〇五年的研究顯示了某種相關，畢竟在嫌疑犯當中，外國出生的人是一般人的二．五倍。然而，政府援引的研究顯示移民犯罪之於非移民犯罪的關鍵差異是社經因素。貧窮和排擠能用來解釋犯罪不是什麼新觀念。考慮到有外國背景的人比本土瑞典人更容易生活在不良社經條件下，把二〇〇五年的統計數字解釋為不良社經條件的結果似乎合情合理。[45]舉例來說，某群人移民到瑞典的時間長短和這群人的犯罪率有明顯關聯：隨著時間過去，當移民在新社會扎根，犯罪率也會跟著下降。瑞典韋克舍林奈大學的國家經濟教授（Jan Ekberg）在二〇一七年五月二十一日接受《每日新聞》專訪時，強調經濟與社會整合的問題：「工作，」他說，「絕對是阻絕犯罪最重要的一件事。」

針對移民與犯罪關係的統計數字應該提出嗎？這問題真的不好回答。一方面，如果這些統計數字顯示外國背景和成為嫌疑犯有相關性，很可能造成許多人立刻就認定犯罪增加是那些有外國背景的人所**造成的**。這些人將推測是嫌疑犯的族裔背景、**來自外國的事實**，導致他們犯下罪行。相關性的存在不該緊接著這個結論，但它無疑將在社群媒體上迅速傳播，特別是在對移民抱持敵意的圈子中。在那樣的脈絡下，相關性與因果關係間存在差別的推理，幾乎不可能被人們聽進去。另一方面，若不從事這類研究，對移民抱持敵意的族群有可能會指控「菁英」（研究者、政府、媒體等等）掩蓋真實情況。我個人認為後者比前者的傷害更大。「菁英」掩蓋真相的理論，往往傳播得比本來的話題更廣。假如你試圖掩蓋嫌疑犯當中移民人數太高的事實，難道你不會掩蓋其他真相嗎？這份質疑很快就會發展成某種陰謀論，破壞對民主順利運作至關重要的消息提供者（政治人物、研究者和媒體）的信任。確保沒人有理由宣稱事實被掩蓋（雖然陰謀論無論如何還是會形成）才是上策。我會在第四章回頭談這些。

《每日新聞》／益普索（*DN/Ipsos*）的共同研究也顯示，對媒體的不信任和政黨取向彼此相伴。[46]自稱是右翼民粹政黨瑞典民主黨黨員（Sweden Democrats）的人當中，有七一％認為瑞典的治安實際上比媒體呈現得差。左翼的瑞典綠黨（Swedish Green Party）黨員則是顛倒過來：七三％認為瑞典的治安其實比媒體上看到的更好。媒體研究者歐爾森（Jonas Ohlsson）也指出，過去的調查顯示對移民持強烈負面看法的人通常不信任主流國家媒體的報導，懷疑它們並未如實呈現移民與犯罪連結的樣貌。從這個觀點來看，避免任何操弄是非常重要的，以免讓人感覺有事實被掩蓋。哥德堡大學民意調查機構

（SOM Institute）在二〇一七年代表媒體研究所（Institute of Media Studies）進行的一項研究展現了類似的趨勢。瑞典人對媒體的信任程度在健保或商業之類的議題上比較高。可是談到移民議題，信任度就很低：僅五％有高度信任（相較之下健保議題有九％），二七％的中度信任（健保議題有四四％）。[47]研究也顯示這份信任和政治態度相連。對媒體信任度最低的是同情瑞典民主黨立場的人。

圍繞瑞典犯罪統計數字和移民的討論，說明了我們在處理帶有政治意義的複雜事實上所面臨的挑戰，無論是在瑞典或其他地方。反對移民且不信任媒體的人，會強調任何暗示移民和犯罪之間有連結的資訊。支持移民的人會強調任何暗示兩者之間沒有真實連結的資訊。儘管福斯新聞的陳述無疑比相關討論中的其他人更具誤導性，民眾鮮少完整無誤地呈現他們知道的事。這是對休斯「每個人都用自己的方式去詮釋」的觀點火上加油，但認定這當中沒有事實可言或是數據可以任意詮釋，顯然是錯的。正確的結論是事情很複雜，而我們（政治人物、研究者、新聞工作者等等）應該清楚指出這一點。我們不知道的很多，而我們確實知道的往往又錯綜複雜。我們還應該非常小心地確保自己正確解讀了統計數字。我們甚至還沒碰觸到最重要的問題：整體而言，移民對瑞典是好的嗎？即便移民真的導致犯罪增加。它的好處可能是代價的好幾倍：瑞典的經濟成長仰賴良好的勞動力供給，因此也就必須仰賴有足夠的人選擇移民瑞典。有研究指出瑞典的成長取決於擴大我們的外國勞動人口。[48]

複雜性的問題在普及科學中也能看見。科學發現通常非常的複雜，不符合普及科學的口味。卡納爾（Mark Carnall，牛津大學自然歷史博物館館長）在《衛報》（*The Guardian*，二〇一七年二月一日）提供了一個有啟發性的例子。恐龍還活著的年代是什麼時候？科普知識給的答案是，已知最古老的恐龍生活在兩億三千萬年前，然後恐龍在六千六百萬年前滅絕。但卡納爾解釋答案背後——這個看似已確定的事實——隱藏了一個複雜的故事。問題圍繞著最古老的那批化石及其定年。最早存在的恐龍不太可能留下任何痕跡。還有一種恐龍（鳥類）至今仍存在，而我們對還有多少其他不同類型的恐龍不屬於鳥類知之甚少，諸如此類等等。卡納爾認為一旦避免這種複雜性，而且沒有清楚指出我們不知道的事，會創造出一種錯誤的確定感。在此同時，他認為凸顯人類知識的局限性存在風險，因為這很容易給人一種彷彿知識純粹是猜測的印象，而事實上我們擁有使理論極可能成立的證據。因此，挑戰變成如何在傳達科學發現時，不讓人覺得科學發現是帶有確鑿證據的簡單事實，但也不暗示它們充其量只是有根據的猜測。

每個嘗試在普及科學領域傳播專業知識的研究者都知道，這是一項偌大的挑戰。你盡最大努力，至少不要說出會直接造成誤解的內容，但你知道肯定會被迫簡化並避免各種複雜的情況。[49]有兩個風險與此相關。首先，你可能會給人科學易如反掌的印象，任何人都可以對問題產生自己的理解，專業被高估了。[50]其次，簡化的普及科學可能促使人們認為研究者不斷改變主意，因此沒有理由聽取他們的意見。他們今天可能會說牛奶對人有好處，哪天又改口說牛奶對人不好。結果就是，民眾不會把你想傳播的知識放在心上。同時，對研究者來說，從所有普及科學中撤退絕不是一個選項。這肯定會使普及科學被簡化得問題百出。

在下一章，我們將更仔細地檢視阻礙知識獲取的心理機制。截至此刻，我們可以說由於事實就是世界的樣子，而世界僅以一種方式存在，所以沒有另類事實這回事。對相同事實的另類描述存在。另類概念存在，還有另類的分類方式，但某個概念是否對應世上的某個事物不是由我們決定。對數據的另類詮釋存在，但某個詮釋是否正確取決於世界的實際狀況（即便我們永遠無法確知什麼才是正確的詮釋）。此外，世界**可能可以**有的另類樣貌也存在。美國的暴力犯罪**可能可以**自一九九〇年代以降不斷增加，但事實是，暴力犯罪在一九九三到二〇一八年間減少了五一％。川普就職典禮上的群眾規模**可能可以**破紀錄，但事實是，參與歐巴馬就職的群眾規模更大。

3 扭曲的思考

理性的動物

亞里斯多德主張人類是理性的動物：我們和動物一樣有不同的知覺能力，但除了知覺能力，我們還有理性（reason），使我們能夠思考和計劃。亞里斯多德甚至認為理性（rationality）是我們與眾不同之處，並提出人類最大的幸福是讓自己徹底地投入理性活動。[1]很多追隨他腳步的哲學家也強調理性是真正的人類特色。譬如笛卡兒相信思考使人類有別於動物，而且（不同於動物）人類因此有靈魂。可是我們有多理性呢？在日常生活或其他時候，我們展現各式各樣不理性的例子不勝枚舉。我們老是掉進思考陷阱，而且沒有充分理由就相信各種事情。我們還意志薄弱。我的目標是長命百歲，而且我知道假如少吃點糖更有機會實現目標。話雖如此，我一次次地被甜點的誘惑征服。我沒有依據我的（終極）目標行動，而這是不理性的。

區分哲學家口中的**理論**理性（theoretical rationality）和**實踐**理性（practical rationality）很重要。理論理性和我們的理論知識有關，是關於**相信**什麼是理性的。相信有充分理由去相信的事是理性的，相信有充分理由不去相信的事是不理性的，而你若是沒有理由支持或反對（抑或有同樣強烈的理由支持與反對），不對這件事抱有一套信念才是理性的。理性和真理是相連的，但它們是兩個不一樣的東西。根據充分理由相信一件事，形同基於證據去相信一件事，使你的信念更可能。不過，誠如我在第一章所強調的，你可以基於充分理由相信某件事卻仍然是錯的。因此對某件事抱持不正確的看法，可能是完全合理的，可是我們犯錯經常是在不理性且沒來由地胡亂相信事情的時候。

「欠缺知識的人，也將無法實現目標。」

實踐理性和我們的行動有關，就好像實踐知識一樣。有時我們稱這類理性為工具理性，因為它是關於實現目標的手段。假如我的目標是把小木屋變暖，我需要知道如何提高小木屋的溫度，然後據以行動。我知道假如取用薪柴，生個火，小木屋很快就會溫暖起來。考慮到我的目的，我去拿木材生火是理性的。假如我的目的是消除頭痛，而我知道最好的辦法是服用止痛藥，那麼我吃藥就是理性的。為了實現我的目標，我必須使用有關世界的真實信念，可是我的行為有多理性並不取決於信念的真假。假如我認為擺脫頭痛的最佳方法就是倒吊在一顆樹上，那麼我倒掉在樹上就是理性的。我的目的不會達成，但考慮到我對世界的信念，我的作為實際上是理性的。這可以連接到我們先前關於知識價值的討論，欠缺知識的人，也將無法實現目標。

實踐與理論理性的差別之所以重要有好幾個原因。假設你要給我一百萬，如果我願意相信歐巴馬其實是一隻來自異文明的綠蜥蜴（比較荒唐的一個陰謀論）。我們已經討論過人類對自己相信的事有多少支配能力，因此比較可能的情況是，無論你給我多少錢，你無法讓我相信這瘋言瘋語。但姑且假設這是可能的好了。假設我見錢眼開，而且你提出的數目大到讓我能說服自己歐巴馬是一隻綠蜥蜴。我的信念是否理性的問題仍有待回答。我想要錢，而且願意不計一切代價——所以這當然是理性的囉？哲學家為此做了大量辯論。我的看法是，我們需要保持實踐理性和理論理性的區別。我相信歐巴馬是一隻綠蜥蜴可能在實踐上是理性的，畢竟那使我實現發大財的目標，但只因為能變有錢而相信歐巴馬是一隻綠蜥蜴，在**理論上**絕對不是理性的。我沒有能用來支撐信念的半點證據。

因為有人用錢收買你而相信某事，和你因為**希望**那是真的而相信是半斤八兩。一廂情願是個眾所皆知的現象。你希望自己身體狀況很好，而且也設法說服自己如此相信，即便完全沒有理由這樣相信，反而有很多不該相信的理由。川普就是個一廂情願大師。他希望自己就職的時候陽光普照，而且參與就職活動的群眾比歐巴馬當年更多。他還希望俄羅斯沒有干預選舉，因為這個干預可能會貶低他的勝利——儘管他的情報單位一致同意俄羅斯確實干預了。川普似乎成功說服自己相信上述一切都是真的。但有決定性證據對他的信念不利（他也被告知了），而這意味著它們不是理性的。

我們究竟有多理性呢？在我看來，人類**基本上**是理性的。沒錯，有時候我們的理智會斷線——無論是理論理性或是實踐理性。[2]我們基於模糊的理由相信事情，我們沒意識到所持信念理當帶來的結果，我們太累太煩而沒發現自己其實有許多互相矛盾的信念（我相信我帶著皮夾出門，但同時我也知道——當我動腦去想的時候——我把皮夾留在家裡了）。而且我們毫無疑問是意志薄弱的。我們想著要戒菸、減重、更常健身，也清楚知道實現目標需要怎麼做，可是我們偏不照做。

這類的失敗屢見不鮮，實在有趣。事情可以錯到多離譜也教人嘖嘖稱奇。譬如康納曼（Kahneman，按：《快思慢想》作者）舉出了我們思考概率時會犯下的大量錯誤，像是我前面討論過的患病率錯誤。[3]不過我認為過度一面倒地聚焦在失敗之上，會使我們忽略日常生活中其實充滿了理性。我在前面強調過，我們對證據非常敏感。使人相信某事的最佳辦法就是提供良好證據做為背書。假如感官提供正在下雨的證據，我就會相信正在下雨。要不是我們（多數時候）在理論上是理性的，而且擁有大量知識，我們連一天都活不過。這些知識相當無趣，可是重要，是我能夠穿衣服、吃早餐、通勤上班並完成工作的先決條件。指出我知道冰箱裡有牛奶，因為我檢查了冰箱，不是太令人興奮的事。實踐理性也是一樣。要不是我（總的來說）在實踐上是理性的，我不可能達成任何一個日常目標。我想要穿衣服、吃早餐、通勤上班並完成工作。我知道實現這些目標必須使用哪些方法，於是我據此行動。我想要穿衣服，然後我穿上了，並不怎麼令人興奮，但這就是我的實踐理性的成果。

因此，我認為亞里斯多德說我們是（相當）理性的動物，而且理性為人類所獨有，是（幾乎）正確的。牢記這一點很重要，因為我們即將開始仔細檢視一些可能引人誤入歧途的心理機制。[4]

為什麼我們有千奇百怪的看法？

人們相信很多古怪的事。舉例來說，在美國，幾乎一半的成人相信世上有鬼，還有二六％的人認為女巫存在。共有一一％的人認為不能排除世界被穿著人皮的蜥蜴所控制。不到五成的美國人相信演化論，而且有四分之一相信太陽繞著地球轉，而非地球繞著太陽轉。就演化而言，歐盟的情況好一些（七〇％相信）。[5]在瑞典，一六％的人相信世上有鬼，還有多達三七％的人相信靈異現象——沒有科學解釋的超自然事件。更重要的是，有六%瑞典人認為一九六九年七月二十日的月球登陸（阿波羅十一號）其實是在片場拍攝的。[6]

對這些愚昧一笑置之很容易。人們若相信世上有鬼和女巫也許沒什麼關係（即便十七世紀的燒女巫顯示它可以很要命）。但在今天的社會中，我們若沒掌握基本的科學事實和社會事實真的很嚴重。舉個例子，三二%的美國人不相信氣候變遷是人類活動引起的。[7]在二〇一二年，有六三%的共和黨人仍相信二〇〇三年美國入侵時，伊拉克擁有大規模毀滅性武器，還有六四%的人認為歐巴馬不是出生在美國。多數美國人認為暴力犯罪正在增加，儘管統計數字表明暴力犯罪已大幅下降（從一九九三年的每千人七九·八起，降至二〇一五年的一八·六起）。[8]在瑞典，有七%的人認為美國和西方世界刻意在烏克蘭引起衝突，而四〇%的人認為基因改造食品對健康有危害（所有研究均顯示並非如此）。[9]

這些是怎麼發生的？其實這取決於兩個問題。人們怎麼會相信這樣的謊言？以及他們怎麼能夠持續地相信謊言？第一個問題是最容易回答的。誠如我多次強調的，我們絕大多數的信念來自他人。幸運的話，我們從優質的來源獲得：運作良好的學校、可靠的媒體、知識淵博的朋友和誠實的政治人物。[10]不幸的話，我們透過其他方式獲得。力有未逮的教育、不可靠的媒體、不學無術的朋友和搞政治宣傳的人。任何人，無論聰明才智高低，都無法抵抗。我們被迫相信別人說的話。天資聰穎的人可以判斷一件事是否成立，抑或有矛盾，但沒有人可以單憑己力判斷她從周遭環境獲得的資訊是否正確——尤其是需要專業的知識。這單純是認知勞動分工所造成。假如有信任的人提供資訊給你，或者你被政治人物操縱，你會相信自己的信念建立在充分理由上，即便事實並非如此。我們可以將此視為人類知識的困境：正常程度的輕信可能使你被騙，持續抱持著懷疑態度會阻止你獲得有關世界的一般知識。

我們多數信念來自他人的事實，意味著我們通常對這些信念為什麼成立的原因不甚瞭解。我們都相信吸菸會導致癌症，但有多少人能解釋為什麼，就算是基本的解釋也好。同時，我們自認對於來自他人的知識有一定程度的理解。舉例來說，心理學實驗顯示即便對一知半解的事，我們也經常自覺很懂。[11] 那種很懂的感覺和很強的信念息息相關。換言之，人人都對自己幾乎一無所知的事深信不疑。這當然會帶來種種問題。《華盛頓郵報》二〇一四年做了一項調查，瞭解美國人對美國是否該對俄羅斯入侵烏克蘭進行軍事干預的看法。回應者對烏克蘭的地理位置愈不清楚，愈傾向認為軍事干預是個好主意。以為烏克蘭位在南美洲的民眾是最熱切支持強行干預的人之一。

知識的社會性因而意味著，運氣不佳的人最終可能相信各式各樣的胡說八道。研究也顯示情況愈是「喧鬧」，人們對訊息愈是難以招架。教人分心不已的電視新聞（圖片閃爍、螢幕下方有跑馬燈文字播報等等）會造成認知衰竭，於是我們對一切錯誤與沒根據的事情的抵抗力變弱。[12]更重要的是，一種惡性循環迅速成形，因為無知會影響批判思考的能力。假如我對溫室效應一無所知，我會覺得更難以反駁氣候變遷否定者的論點。假如我不懂演化如何運作，我會覺得更難評斷神創論者的感嘆。所以你抱持的錯誤看法愈多，你得到的錯誤看法也愈多，導致錯誤更難以矯正。我們即將得到第二個問題的答案：為什麼我們繼續相信有強烈證據反對的事情？因為我們的知識不足以理解並正確評估和我們信念對立的反對論點。[13]

惡性循環又因幾個會誘使想法誤入歧途的認知機制而進一步增強。心理學家稱這些機制為認知偏誤（cognitive biases）。我將在下文中稱它們為**認知扭曲**（cognitive distortions），因為它們會帶來扭曲的結果：你最終不相信有充分理由相信的東西（但我會視情況使用偏誤這個詞）。也有在實踐理性上會誤導我們的機制。譬如我們不擅長評估風險，意思是說，我們忽略危險較少的選項（像是搭飛機），而偏好更危險的選項（像是坐車）。[14]我們因而沒有做出符合信念（我們知道車禍意外死亡的風險遠高於墜機死亡）和目標（我們不想遇上意外）的理性之舉。但接下來我將專注探討使理論理性出錯的幾個機制。

確認偏誤

有個著名的認知扭曲被稱為確認偏誤（confirmation bias，按：或作驗證性偏誤）。人傾向尋找能確認自己已經相信的事情的資訊，並且避開和個人信念互相矛盾的資訊。這基本上多少是主動的、有意識的。它可能和我們會尋找與自己信念相關的資源有關。我們看與自己世界觀一致的報紙，關注能驗證自己信念的部落格，而且偏好與志同道合的人交談。這種傾向與當前分裂的媒體環境產生危險互動。「驗證」個人信念從未像今天一樣容易，我們可以輕鬆找到「驗證」個人信念（無論有多荒謬）的消息來源，並避開可能挑戰自己信念的消息來源。我將在下一章繼續討論這一點。

試圖確認你本來就相信的東西，顯然不是驗證信念真實性的好方法。如果我假設天鵝全是白色的，測試假設的最佳方法不是四處遊蕩尋找白鳥。相反的，你需要檢視最佳反論，並積極尋找任何潛在的反證——你得尋找黑天鵝。因此哲學家強調人們應該嘗試**否證**（falsifying）自己所相信的事。波普（Karl Popper）是這方面最名聞遐邇的人。[15]

他指出，正例與反例之間存在不對稱性，因為進一步的正例（無論有多少個）都無法驗證假設，而只要一個反例就能否證信念——區區一隻黑天鵝。[16]波普因此認為研究者應竭力嘗試否證其理論。他還主張科學與偽科學的差別正在於，科學理論具有（原則上）可檢測並且能否證理論的可觀察結果。

依循波普傳統的科學哲學家，質疑研究者是否確實按照他的建議從事研究。[17]他們真的會因為發現一個否證的例子就拋棄理論嗎？幾乎不可能。研究者和其他人一樣容易陷入確認偏誤，並且盡其所能地避免放棄理論。當研究者使用某個行之有年的理論，卻發現了不利於該理論的觀察結果，他們首先會假設觀察結果有問題（也許問題出在使用的工具），而不是假設那是一個貨真價實的否證案例，或者他們會認為這只意味著理論需要稍做修改，於是添加一個補充假設。在某些情況下，這麼做甚至是合理的。但是有一點無可辯駁：盡可能驗證自己本來相信的事而避免否證，並不是獲取知識的好方法。

心理學家自一九六〇年代早期便開始研究確認偏誤。英國心理學家瓦森（Peter Wason）是這個領域的先驅之一。他以波普為出發點，也就是僅尋求證據確認假設的人很容易被誤導，畢竟同樣的證據可以支持截然不同的假設。舉例來說，假設血液中缺乏特定物質（X物質）是某疾病（Y疾病）唯一的成因，光是驗證每次病人缺乏X物質都罹患Y疾病還不夠。我們還需要排除使Y疾病存在的其他原因，也就是說我們需要尋找可能否證假設的證據，像是就算病人沒有缺乏X物質也會罹患Y疾病的證據。瓦森設計了一個實驗，旨在測試「聰明的年輕人」在多大程度上會單單尋找佐證的證據，抑或也會嘗試去否證假設。[18]為了否證X物質缺乏造成Y疾病的假設，絕不能只是檢視缺乏X物質和Y疾病一起發生的案例，還要檢視是否有任何Y疾病在沒缺乏X物質的情況下發生。瓦森的結論是，實驗參與者主要試圖確認假設（X物質缺乏會造成Y疾病），而未能尋找反例（造成Y疾病的不是X物質缺乏，而是其他原因）。因此他們在實驗中尋找正確答案找得很辛苦，儘管答案相當簡單。換句話說，他們未能採用既有的知識。

如今有太多實驗顯示人人都受確認偏誤所苦。我們不僅在測試科學假設上表現不佳，而且在生活中總是想要驗證自己原有的信念。對某個主題認識較深的人，不會因而比較不受這類扭曲的影響。恰恰相反。泰伯（Charles Taber）和洛奇（Milton Lodge）做了一個實驗，他們把參與者分成兩組：一組精熟政治議題，一組則是相反。[19]他們的任務是研究關於爭議議題（如槍枝管制）的幾個論點，並反思這些論點。對議題沒有太多認識的那組人提出了較多贊成自己立場的論點，比反方論點多了一倍。他們明顯受確認偏誤的影響。但熟悉議題的那組人更糟。他們提出了更多支持自己看法的論點，反方論點則是一個都沒有。

人人都有確認偏誤。這點值得一再強調。本書讀者可能注意到，我本人選擇接收的媒體來源相當片面：《紐約時報》、《衛報》、《華盛頓郵報》、《紐約客》、《紐約書評》（*New York Review of Books*）（以及瑞典的《每日新聞》）。我幾乎從不看福斯新聞，也很少看保守派報紙。誠如第二章所述，對心理實驗抱持幾分懷疑是明智的。因為除了詮釋實驗得來的數據的問題，還有和重複實驗並產生相同結果的困難有關的問題。然而，確認偏誤是證據充足的一個現象，沒有理由懷疑這種扭曲存在，也沒有理由懷疑它難以對抗。

政治動機性推理

另一個可能阻礙知識的重要心理機制，是心理學家所謂的「動機性推理」，一種不在乎追求真理而一心想保護珍視信念的推理——人們相信自己想要相信的事，而不是有充分理由相信的事。這不是我們有意識的行為，也不是一種我們選擇採取的態度——相反的，這是我們重視的信念受到威脅時，大腦自主啟動的無意識認知機制。一旦機制啟動，人會用推理能力設法剷除帶有威脅性的證據。所以動機性推理涉及一種不公正的推理，而且是知識抗拒的核心力量。造成動機性推理的來源有很多，可以是既得利益，我想要相信紅酒有益健康，於是我對顯示紅酒造成癌症的證據充耳不聞，也可以是價值觀和世界觀（氣候變遷否認者經常是持保守的世界觀），個人認同的需要（這是我的信念！），害怕和恐懼（疫苗懷疑論），或是社會認同的需要（這是我們這群人的信念！）。[20]

對當前政治環境特別有意義的，是社會認同需求扮演的角色。美國研究者卡漢（Dan Kahan）已證明了政治認同需求如何影響人對證據的反應。[21]在一般情況下擅長算數的人，處理起帶有政治煙硝的事實性問題相關統計，突然就算錯了（諸如與槍枝管制或地球暖化有關的統計數字）。評估政治中立的問題時，擅長算數的人比不擅長的人更容易交出正確數字。評估極具政治意味的問題時，算數能力弱的人在答案符合其意識形態信念時，提出正確數字的可能性高了二五%，算數能力好的人在答案與自身意識形態相符時，答對的可能性多了四五%。[22]厲害的人只是用能力進一步強化自己的觀點，而不是批判地反省自己的觀點。[23]

卡漢稱之為**政治**動機性推理。誠如卡漢強調的，政治動機性推理不只是一種確認偏誤，還包括某個政治或意識形態信念**給**你如何接觸證據的**動機**：你想保有和所屬政治或意識形態族群一致的信念，於是無意識地只接收能確認信念的證據，達成了目標。這個認知扭曲自然會對民主社會構成一項獨特挑戰。也許我們每個人有不同的價值觀，我們可以辯論應該爭取哪些目標，可是辯論的一大重點是，我們能就經驗事實達成某種共識。假如不同的政治立場影響了我們看待世界基本事實的相關證據，社會間根本不可能達成良好的民主辯論應有的共識。

政治動機性推理也可能影響我們如何權衡證據。卡漢的研究團隊證明我們權衡證據的重要性時，受到我們認為它與自身意識形態立場（政治或文化）相關或對立的影響。他在一項實驗中設法操弄情況，使人們在認為證據支持與自身意識形態立場相關的信念時，願意賦予同一個證據較高的價值，遠遠高過他們認為證據支持與對立觀點相關的信念時。[24]

「你想堅守與自己所屬政治族群一致的信念。」

類似的，我們傾向根據自己的政治信念評估消息來源。如果專家提出的看法與我們的意識形態立場不符（可能與氣候變遷、槍枝管制或移民有關），我們的反應通常是質疑專業的價值，而不是質疑自己的觀點。實驗顯示民眾評價專家時，是根據他們接受哪些實證論點，而不是他們的學術成果。[25]這當然會對抗拒知識造成重大影響。考慮到我們很多知識都取決於專家，無法吸收專家所說的內容成了獲取知識的一個主要障礙。

甚至有實驗支持政治觀點會影響人如何從感官理解證據的假設。卡漢進行了一項實驗，讓參與者在受試時觀看一支抗議影片。[26]當參與者被告知這是在墮胎診所外發生的抗議活動時，他們覺得看到抗議群眾被推來推去並被阻止進入診所。當政治觀點類似的其他參與者得知影片是反對軍隊歧視同性戀的抗議，他們認為抗議冷靜又和平。信念影響人對情況的看法是眾所皆知的現象。[27]哲學家稱之為「認知穿透」（cognitive penetration），因為它涉及我們的認知干擾我們的知覺。[28]這現象顯示把刺激與信念間的關係看得很單純是不正確的。感官刺激不總是完全不受信念影響，也不總是為信念提供全然中立的正反證據。在某些情況下，甚至是信念決定了實際的感受。假如政治態度會影響我們的看法，這顯然也是一個重大的認知障礙，畢竟來自感官的資訊是相當重要的知識來源。

我們很快就看出來，一個社會愈是對立，愈是清晰地劃分為不同的（文化和政治）意識形態族群，承受的政治動機性推理風險就愈高。因此，我們如今正處在親眼目睹此奇特現象的接收端：意識形態的差異，不僅意味著對價值觀與共善看法的差異，還意味著對世界的看法、意即基本事實的差異，卡漢將此稱為**事實兩極化**。他論稱今天美國民眾經驗事實方面（像是氣候變遷或暴力犯罪數量的相關事實）兩極化的程度，勝過傳統政治問題方面（像是繳稅）。[29]此外，完全不相干的事實信念往往被連在一起：假如你不相信碳排放會導致氣候變遷，你也會認為隱祕持槍權（按：對應在公共場所公開持有武器的公開持槍權〔open carry〕）能減少致命槍擊事件，並認為給青少年的HPV疫苗不能預防子宮癌，還有死刑能威嚇罪犯（政治光譜另一端的人則完全相反）。這顯然是個非常奇怪的情況。這些信念間沒有任何合理的連結。我們不可能從全球暖化不是由碳排放引起，推論出HPV疫苗不能預防癌症。

美國目前的政治對立始於一九八〇年代，民眾對對立黨的態度自此變得愈來愈負面（美國實際上是兩黨制）。在過去，政黨取向不是一個人個性的重要面向，但這開始有了改變。自此之後，政黨取向和個人認同愈來愈難分開——於是政治的事變得愈來愈主觀。二〇〇九年的一項調查顯示僅有九%的已婚人士是「綜合的」——一個是民主黨，一個是共和黨。[30]就連在瑞典，兩極化也正發生。我們在前文提過，瑞典調查顯示政黨取向和我們看到的事實是有關的。

最大的危險無疑是兩極化會自我強化。政治變得愈對立，我們對「另一陣營」的人愈是抱持懷疑、愈是槍口一致對外，只會信任和自己同陣營的人，以及鞏固自己人信念的人。政治人物刺激他們心目中「基本盤」的舉動，又更進一步地強化了這個現象。他們藉由把另一方講得腐敗又危險以博取支持，結果就是更多的對立。我們正一步步遠離妥協與合作，走向極端主義和無法解決的矛盾。川普就是個非常清楚的例子，但類似的趨勢在整個歐洲都可以看到。由於民主本質上講的是妥協，是接受每個公民有不同的利益和價值觀，兩極化對民主是嚴重威脅。

還有其他導致兩極化的認知扭曲，從眾效應（bandwagon effect）就是一個——傾向跟別人抱持相同的想法。當想法和生活周遭的人一致，我們就是會感覺很好，如果不是的話，就會感覺很糟；有充分理由和其他人抱持相同的看法當然是可能的——總不會**每個人都錯了吧**？但事實是，每個人都錯了是**可能的**，特別是若他們都從同一個錯誤的來源獲取資訊。在假新聞透過非傳統媒體散播的媒體現況下，這顯然是個問題。另一個證據充足的現象是內團體偏見（ingroup bias）——傾向贊同和自己屬於相同群體的人。這類偏見從非常根深柢固的層面影響我們。例如事實證明受害者的團體屬性，決定了同情心是否被觸發——例如他們的種族或衣服顏色（若這些可以暗示他們和什麼團體有關的話）。[31]

怎麼解釋我們的認知扭曲？

有趣的是我們怎麼會生來就有這些認知扭曲？演化怎麼會偏好阻止人類吸收知識的機制？卡漢認為政治動機性推理，和我們需要感覺自己屬於某個群體有關。如果你的信念與整群人的信念有所分歧，等於你並不真的支持這群人，而這會直接影響你在群體中的地位。除了與他人有相同的信念時會感覺良好外，我們在身體和精神上都常仰賴他人，因此偏離群體的風險太大。[32]卡漢甚至認為從這個角度來看，政治動機性推理是理性的。有鑒於對人類而言成為群體成員非常重要，不理會有違群體信念的證據或偏頗地衡量證據是理性的。然而，我們應當指出，他這裡指的一定是實踐理性。基於政治信念權衡證據，永遠不可能在理論上是理性的。我屬於什麼政黨，對氣候、疫苗或犯罪統計數字的真相一點也不重要。

政治動機性推理很可能和我們需要群體有關。但這不能解釋確認偏誤，畢竟確認偏誤不僅影響政治色彩濃厚的事實信念，也影響我們更一般的種種信念，甚至是那些和群體屬性無關的信念。有鑒於知識之於生存的重要性，確認偏誤的演化價值也難以理解，而且沒有任何跡象顯示動物有確認偏誤的問題。[33]人們只是普遍認為信念得到認可感覺很好。感覺很好大概和事實沒有出入，但這算不上是個演化的解釋。

我們很容易理解，身體受傷時感到疼痛在演化上是有利的。疼痛讓人有反應——例如將手從電磁爐移開，從而保護了身體。我們也很容易理解繁衍後代時感到渴望在演化上是有利的。但信念得到認可感覺良好，在演化上為什麼是有利的呢？畢竟，嘗試驗證錯誤的信念似乎百害而無一利。

有個理論主張認知扭曲是人類有兩種不同認知系統的結果：系統一和系統二。[34]系統一快速直觀，而且多數情況下無意識。系統二緩慢、具反思性，在認知上很費力。誠如之前提到的，內隱偏見通常被歸因於系統一。系統一還被認為會促進所謂的認知捷思法（cognitive heuristics），或稱經驗法則：在多數情況下都很有效的思考方式，但可能引你往錯的地方去。經驗法則思考的功能提高了我們因應周遭環境需求迅速做決策的效率。為了改正錯誤，我們需要系統二的貢獻。這使我們能反思什麼是好的論點，以及我們的信念是否真的中肯並有足夠的證據基礎。也就是說，認知扭曲其實就是系統一提供的捷徑所造成的。

假定確認偏誤是一種認知捷徑並非沒有道理。假如我們把時間全拿來質疑自己的信念，試圖找到反對它們的論點，大概不會活得太久。這對想要測試理論的研究者可能很適合，可是，由於信念和行為之間有重要的連結，用在日常生活中就不那麼適合了。擔任領導職務的人經常指出，管理者思辨太多是不利的，因為這會使做決策變得困難。在此同時，確認偏誤似乎也不盡然能被看作直觀、無意識、認知捷徑的結果。倘若如此，系統二的作用（反思）將會消除確認偏誤，但實驗顯示系統二不會消除確認偏誤。相反的，確認偏誤似乎被反思強化：一個人的批判性思考能力愈強，偏誤愈嚴重。這怎麼可能呢？我們的批判性思考、我們的理性，怎麼可能會竟莫名其妙地傾向壓抑證據、罔顧證據？

這個問題是梅西耶（Hugo Mercier）和斯珀伯（Dan Sperber）共同著作的核心。[35]他們的假設是，確認偏誤就算對個體的知識不利，起碼對群體的知識是有利的。[36]許多實驗顯示當個體單獨思考時，會陷入各種類型的認知陷阱。他們認為，閉門推理不僅帶有偏見，而且懶惰——我們傾向堅持自己的信念，並根據沒有仔細檢視過的論點堅持己見。然而，也有一些實驗顯示個體共同努力解決問題時，可以有效地避免這些認知陷阱。確認偏誤意味著我們做為個體時善於尋找支持自己觀點的論點，卻不善於尋找反論，但梅西耶和斯珀伯又指出，我們非常擅長尋找推翻他人觀點的反論。我們並非擁有想要確認觀點的普遍傾向——我們只是想要確認屬於自己的觀點。梅西耶和斯珀伯因此建議，應該把確認偏誤稱作「我方偏見」（myside bias）比較精確。他們主張對自我的重視（focus on self）才是解釋確認偏誤真正功能的關鍵。這意味著，把許多持不同觀點的個體聚在一起，等於聚集了許多善於評估他人論點的人，於是得到了人類無法在個人層面實現的批判性評估：我們被迫考慮反論，雕琢自己的論點並拒絕未經證實的想法。群體因而找到了真相，即便個體尋找真相的能力不足。

梅西耶和斯珀伯表示，這顯示西方傳統的理性觀點基本上是錯的。辯論的能力不是一種個體的超能力，而是一種交流形式，更是眾人一起做會比個人做得更好的事。檢驗自身信念真實性時萬萬不可做的事，就是學笛卡兒撤退到自己的世界獨自思考。若是這樣的話，這對如何有效反擊知識抗拒會有許多有趣的影響，這部分我留到第六章再談。

在瑞典的隆德（Lund）有一組研究者做了幾項有趣的實驗，間接支持確認偏誤其實是一種「我方偏見」的想法。確認偏誤存在的事實，顯示人們比較在乎確認自己已經相信的事，勝過擁有正確的信念。隆德的實驗證明我們比較在乎信念**是誰的**，勝過其實際內容。我們碰巧傾向為我們相信屬於自己的觀點據理力爭，無論它是否真的是我們的觀點——這與支持「我方偏見」的假設緊密相關。

實驗內容是讓受試者做各種選擇，然後操縱該選擇的結果。在第一個實驗中，研究者讓男人看女人的照片（一次兩張），請他們挑出最吸引他們的女人。[37]接著這些男子再看一次照片，然後被要求說明他們偏好某個女人的原因（受試男子們顯然以為實驗是在測試男性認為怎樣的女性有吸引力）。但其實研究者對照片動了手腳，很多時候他們把照片對調，向男人展示先前**不受他們青睞**的女性的照片。約三○%的男人沒發現照片被調包——他們純粹是在面對自己曾經做出的選擇時有「選盲」（choice blind）。儘管如此，他們說起自己為什麼選擇（他們其實並沒有看上的）該名女子時，倒是說的頭頭是道。他們提到女人的頭髮、嘴巴或眼睛。他們為自己其實並沒有做出的選擇找理由。心理學家稱之為**虛談**（confabulation）。

你可能認為這奇怪的結果，某種程度上和難以確定誰有吸引力及為什麼有關。但研究團隊後來又做了一系列實驗，證明我們有「選盲」的問題，而且願意在最不可思議的情況下虛談。[38]譬如研究團隊在大選前讓民眾做關於重要議題的問卷調查——健保、燃料稅、核能、失業救濟等等。假設人們清楚自己對這些議題的觀點，以及為什麼持此觀點是合理的。儘管如此，九二%的受試對象接受了被竄改過的答案（假如他們之前說贊成提高燃料稅，現在就變成反對了，諸如此類），而且這些接受被竄改答案的受試者，個個都願意為自己提出的答案找理由。甚至有一〇%的人徹底倒戈到另一政治陣營。他們從抱持明顯屬於某政治光譜一端的看法，變成接受明顯屬於另一端的看法。類似實驗也針對道德信念做測試，結果還是一樣。有一大群人沒有發現他們的答案被竄改了，而且願意為他們誤以為是自己觀點的立場據理力爭。

我們該如何詮釋這些實驗結果。難道我們根本沒有任何明確的信念，只不過鸚鵡學舌罷了？大概不是，畢竟無論受試者自認的政治參與程度高低，結果都是相同的。我不會在此嘗試提出最終的詮釋。但有個值得一提的可能性是，它和梅西耶與斯珀伯強調的東西有關：我們想不惜一切代價捍衛（我們認為屬於）自己的信念。實驗參與者沒有發現答案已改變，而且仍願意為答案辯護（也擅長這麼做），顯示他們真正在乎的不是他們想什麼，而是自我捍衛。

演化為什麼偏袒這種集體解決方案？梅西耶與斯珀伯主張這與人類獨特的合作能力有關。這種能力有明顯的演化價值，因為合作使人類有可能實現原本不可能實現的目標——假如合作，我們可以建造橋梁，開墾土地，保護自己免受野生動物攻擊。為實現我們的共同目標，合作務必以知識為基礎，這也解釋了為什麼演化注重集體知識多過個人知識。

這又帶出我在第一章討論知識為什麼擁有比真實陳述更重要的演化價值時所提到的東西。對充分理由與證據的要求發揮了怎樣的功能？我認為這個條件扮演關鍵的社會作用，畢竟我們需要提供彼此充分理由，以便說服彼此，然後展開合作。這也和我們在知識上進行勞動分工的事實有關。假如一個個體生產了所有的知識，他或她的認知能力必須非常可靠。誠如我在前文所說，這就是知識在動物間運作的方式，而根據梅西耶與斯珀伯表示，動物沒有任何形式的確認偏誤。可是，若知識是人類共同努力的成果，個人在認知上不會犯錯就沒那麼必要了；共同認知運作良好比較重要。從這個角度來看，當前社會的兩極化是一場災難——持相反意見的人見面和辯論的次數愈少，我們得到真相的機會就愈小。

頑固和逆火效應

確認偏誤經常被那些聲稱人類不理性的人拿來當範例。然而，我們大也可以把這種偏誤視為不惜一切保持理性的嘗試。如果我不吸收不利自身信念的證據，就沒有理由改變信念！這就好像在一月的某個早晨把自己關在家中儲藏室，避免得知外頭天氣的真相。只要留在儲藏室裡，我就沒有理由去相信屋外有暴風雪。將證據倒向對自己有利的方向顯然不是理性的，可是很多確認偏誤的例子其實都是在避免尋找或接收對自身信念不利的證據。假如目標是獲得知識，這麼做在實踐上並不理性，但這代表你不用改變觀點，理論理性也可以全身而退。

另一方面，動機性推理不是理性的，而且還有很多傾向會對理性造成重大威脅。舉個例子，在某些情況下，你會明知沒有證據卻緊抓著自己的信念。史丹佛大學在一九七〇年代做的一項著名實驗，請學生參與關於自殺的研究。[39]實驗要求學生讀遺書，他們的任務是判斷哪些遺書是真的（由真正自我了斷的人所寫），哪些是捏造的。讀完全部遺書後，有些學生被告知他們很會挑選真正的遺書，在二十五題中答對了二十四題。其他學生被告知他們猜得很糟，二十五題中僅僅答對了十題。當然啦，這完全是場騙局，過一段時間後，學生們就會得知真相。平均來說，被告知幾乎全答對的人，和其他學生一樣不擅長辨識真正的遺書。[40]

接著研究者測試實驗真正想測試的東西。他們要求學生自我評估在辨識真假遺書上的表現。奇怪的是，先前以為自己很會挑選的學生們，依舊認為自己的表現遠高於平均值。他們緊抓著研究者塞給他們的不實信念——儘管支持這信念的證據已被破壞。他們不再有任何理由認為自己的表現在平均之上，卻還是繼續這麼認為。因此，他們的信念是不理性的，研究者將此現象稱為信念故著（belief perseverance）。

信念故著的神奇之處在於，即使你已經接受某個陳述為假，它還是會留下痕跡。這是**信念與信念之間**存在重要連結所導致。我已強調過信念與行動相連：我做的事，受到我的目標和我的信念影響。如果我想開車去上班，而且我相信汽車就在停車場，我將前往停車場。但信念與其他信念存在連結是不爭的事實。假如我相信自己的車在停車場，代表我也相信自己有一輛車，相信一個停車場存在，相信我的車不在街上，相信需要鑰匙才能進入停車場，相信昨夜降雪後車子沒有被雪覆蓋等等。一旦我得到一個新的信念（我發現汽車肯定不在停車場），這會對許多其他信念產生影響——我需要修正之前的某些信念，而且必須採用能反映我剛得知內容的新信念，這將導致認知系統的進一步修正。所以有些人形容推斷像是一種雜交關係。信念故著顯示有時即使你已經放棄某個信念，因為該信念而連帶產生的其他信念仍會故著在你的腦袋。原有的信念在被否定之後，依舊保有影響力。

在一項著名實驗中，受試者被要求閱讀一份虛構的火災報告。[41]報告敘事按時間順序進行，開頭指出火災是櫥櫃存放的可燃性油彩引發。這則資訊在下一個句子中被改正，並特別強調前面的陳述是錯誤的——櫥櫃裡沒有任何可燃性產品。假如你是個理性的人，你會修正本來的信念（現場有可燃性產品）。然而，實驗證明錯誤陳述持續影響受試者接下來的信念，即便他們已經接受該陳述為假。舉例來說，讀完整份報告後，他們被要求指出火災的原因：他們傾向說火災是可燃性產品所致。在此同時，當被問及報告中是否有任何錯誤陳述時，他們也會答覆櫥櫃裡有可燃性產品的陳述是錯誤的。也就是說，他們把明知錯誤的陳述當作判斷起火原因的假設。這對改正錯誤資訊的機會當然構成了一大挑戰，因為這意味著錯誤資訊可能在一個人接受該資訊為假很久之後，繼續對他的信念網絡產生影響。

「**持相反意見的人見面和辯論的次數愈少，我們得到真相的機會就愈小。**」

就連立刻被拋棄的資訊，過一段時間後，都能造成影響。[42] 如果立刻告知受試者某個資訊來源是不可靠的，他們起初會把這個來源的可信度看得很低。但隨著時間流逝，變化跟著發生，最終那個資訊在受試者心目中的可信度將提高。這和事實查核面對的另一個非常重大的挑戰有關：人記得的是**陳述本身**（三百萬人非法投票！），而不是該陳述為假或是毫無根據的資訊。基於這個原因，媒體在犯錯時應該即刻改正是非常重要的。最要緊的是，媒體絕不可複述錯誤的陳述——至少不要加以強調。

事實上，情況似乎比上面的描述還糟糕。糟糕的不只是信念停留在原位（*in situ*）且留下痕跡，儘管我們接受那些信念欠缺證據或不實。我們的信念可能是被不利證據**強化**了。研究者把這個情況和剷除科學迷思（像是疫苗的害處）的嘗試一起研究，而後指出這是非常困難的事。[43]在極端案例中，受試者不僅不拋棄科學迷思，甚至更加相信那是真的。這個奇怪的現象名叫**逆火效應**。在充滿政治色彩的事實議題中，也能看到類似的結果，像是伊朗境內在二〇〇三年美軍入侵之前有大規模毀滅性武器的陳述。[44]改正會導致錯誤信念被強化，對事實查核者顯然是一大挑戰。改正造成反效果有很多不同的方式。其中一個可能的情況是，改正僅僅因為提及迷思就強化了迷思——愈是談論，愈是擴散。這是因為我前面提到的現象——人們傾向記得資訊本身，但不會記得指出資訊為錯誤資訊的陳述。另一個可能的情況是，太多的反論造成反作用（假如我拿贊成疫苗不會造成自閉的論點對你狂轟濫炸，你可能會還手），或是事實查核這個動作就引人懷疑。我們的確可以合理假設逆火效應的發生，也就是改正導致一個人更加深信錯誤陳述的情況，通常和接受某種陰謀論有關。假如人們相信事實查核者別有祕密企圖，事實查核的動作就讓人有理由相信爭議信念其實是真的——要不然這些人幹嘛吵個沒完？[45]

逆火效應似乎是嚴重挑戰理性為人類根本的認知扭曲。然而，我認為我們在詮釋這些結果時應該更謹慎。[46]首先你要記得，當人接收到和自己信念違背的證據時，這些信念一般而言不會被強化。誠如我在前文中強調的，這麼做的話，我們連一天都活不過。我認為現在過馬路是安全的，但突然間我看到一輛卡車靠近。我得相當迅速地修正我的信念。應該是說，我們在碰到**特定類型**的信念時，有抗拒證據的傾向。被告知很擅長辨識遺書的人不願拋棄這個信念，絕不是碰巧而已。人人都想覺得自己很棒，一切顯示我們有特殊才華的跡象，無論多麼微小，往往都教人難以忘懷。至於構成你世界觀或認同感核心的信念，當然就和我先前討論的政治動機性推理有關。當構成意識形態取向和自我認知的信念受到證據挑戰，人往往會心生抗拒。

同樣值得強調的是，你可能非常相信自己有充分理由駁斥證據。要是你已經認為「敵營」的人不可靠，你不會相信任何看似與他們有關的證據。你於是自認已破壞了反證，在這一點上，你可能會覺得自己從頭到尾相當理性。在下一章裡，我們將探討不實資訊和宣傳如何造成這種反應。

4

謊言、假新聞和宣傳

語言與謊言

前文已經指出他人為何是我們重要的知識來源。知識存在勞動分工——個人的經驗和專業被傳給他人。這是人類獨一無二之處。我們傳播與積累知識的方式是動物做不到的。前面說過，這和我們擁有語言的事實有關。

動物不是完全沒有語言。牠們使用各種信號，有些動物甚至能學會操縱符號。要是巴諾布猿（bonobo chimpanzees，按：亦稱倭黑猩猩）接受適當訓練，牠們（至少牠們當中的少數）可以學會使用符號，展現近似三歲人類兒童的語言能力。例如坎茲（Kanzi）已學習了二千多個符號，並能以接近幼兒的能力使用它們：牠可以談論在另一個空間的事物，牠可以表達新事物（「烤棉花糖！」），牠可以談論感覺（「會不會痛？」）。[1] 不過，從成年人的角度來看，三歲兒童的語言能力不是太厲害。在這方面，我們與動物之間的差距非常大：我們每個人毫不費力地獲得（無論天分和興趣）一種表達能力無限的語言——這種語言可以在不同時空使用，用來談論從內在私人世界到宇宙結構的一切。

為什麼猿的語言能力無法超過三歲的水準？我們對此所知不多，但也許是和猿猴與人類的另一個重要差別有關——我們的反思能力。我們不僅會思考世上的事物，譬如現在正在下雨，還會思考我們對世界的想法（我認為正在下雨），以及其他人對世界的想法（他認為正在下雨）。研究者將這種洞察力描述為「心智理論」（theory of mind）。這是構成所有人類互動基礎的重要資產。擁有心智理論使我有可能理解你的意思，與你合作，並預測你的下一步。這也意味著我們可以理解我們認為的世界樣貌與世界的真實樣貌間的差別。我可以理解我自己的信念及其他人的信念有可能是錯誤的，而我可以利用這一點去欺騙他人。

我們不是一出生就有這種能力——這要到三歲左右才開始發展。一個三歲小孩不懂別人可能有錯誤的信念。在某個著名實驗中，實驗者讓孩子看普通粉筆盒的內部，然後孩子發現盒內沒有粉筆，而是裝了生日蠟燭。假如在這之後有個人進到房間，你問孩子這個人覺得盒子裡裝了什麼，孩子會回答「生日蠟燭」，儘管這個人沒有看到盒子內部，因此不可能知道裡面沒有粉筆。[2]這代表孩子不理解世界的樣貌與我們對世界的理解之間存在差異。但小孩長到四歲時就能理解這點了。也是從這時候開始，他們變得有能力合作，而且語言發展一飛沖天。

關於動物是否有心智理論已有相當深入的研究。有些證據顯示牠們有很基本的心智能力。譬如有研究指出黑猩猩會跟隨另一隻黑猩猩的眼神，試圖弄清楚哪裡有食物。跟隨另一個生物的眼神，需要某種對另一個生物如何看世界的理論。但同時，黑猩猩似乎不理解感官認知有可能是錯的。[3]倘若情況如此，我們就得檢視一個有趣的假設。動物的語言能力有限，是否與牠們不懂世界的真實樣貌與我們認為的世界樣貌之間存在差異有關？

這樣的關聯存在並非毫無可能。[4]要成為語言的進階使用者，你必須瞭解語言象徵世界——它可以被用來描繪存在和不存在的東西。回到亞里斯多德對真理的思考：語言使我們可以說存在的東西存在，但也可以說不存在的東西存在（即謊話）。自然信號和以語言為基礎的信號間有重要的區別。[5]由於烏雲與雨間存在因果關係，雲是降雨的信號。如果我說「正在下雨」，這也是正在下雨的某種信號，不過這是一種截然不同的信號，因為我可以讓這番言論和天氣幾乎沒有關連：我可能搞錯了、或許我只是亂猜、也許我被騙了。以語言為基礎的信號不是自然的徵兆，而是任意的、傳統的符號，因為我們的使用而描繪了世界。我們本來可以用完全不同的單字表現同一個事物（就像正在下雨在德文中是 es regnet，在法文中則是 il pleut），不過一旦單字的用法確定並有了自己的含義，它們便與周遭環境脫離關係。對它們而言，被用來描述對或錯的事情沒有難易之分。成人語言使用者理解這點，而且這對她如何使用語言有決定性的影響。

「知識的社會本質意味著人可能擁有根本上錯誤的整套世界觀。」

我們因此可以提出有關知識與人類語言的三大關鍵。第一，我們的知識絕大部分都是他人透過語言媒介把自己所知的事傳達給我們的成果。這樣的交流可以是口語的，或是透過各種文字形式。第二，以語言為基礎的符號描繪世界，既可被用來表達不實的事，也可以用來表達真實的事。第三，人類有一種「心智理論」——一種使人能夠理解他人以及他們怎麼想的洞察力。這構成了合作的基礎，同時也是謊言與欺騙的基礎。語言使我們得以累積知識，但也使我們得以散布並鞏固種種不正確的信念。一隻黑猩猩在詮釋感官刺激上可能會出錯（牠可能誤把石頭當成某種可食用的東西），可是牠能犯下的錯誤是有限的。知識的社會本質意味著人可能擁有根本上錯誤的整套世界觀。

謊言

政治人物迴避、扭曲和撒小謊絕不是什麼新奇的現象。柯林頓在與年輕實習生莫妮卡・陸文斯基（Monica Lewinsky）有染的醜聞被揭露時，因為一個頗令人不齒的企圖而臭名遠播。起初有人問他和助手之間是否有什麼時，他回答「我們之間什麼事也沒進行」（there is nothing going on between us）。當醜聞後來變成法律案件時，他解釋說，他是否撒了謊要看大家怎麼看「進行」的時態。他被問問題的當下婚外情已經結束，所以當他說自己和陸文斯基什麼事也沒進行，他是指當時沒進行了，這不是謊言。人們戲稱柯林頓「滑頭威利」（slick Willie）合情合理。即便他說的話字面上沒有不實，卻明顯帶有誤導性。使用語言欺騙還有很多不同的方式。

政治人物通常是為私事撒謊：性醜聞、賄賂和其他難以做事實查核的事。但川普為美國政治帶來了一種新型謊言：對容易證實之事實的明顯錯誤陳述——不只涉及私人事務，而是天底下的所有事。哲學家稱之為毫不掩飾的撒謊，並擔心這種謊言被當作政治工具使用。[6]川普發表虛假不實言論的高頻率也值得一提。根據事實查核網站「政實」（PolitiFact）的說法，他在競選活動期間發表的陳述有七〇％錯誤不實，四％完全正確，一一％大抵正確。自二〇一七年一月二十日就職以來，《華盛頓郵報》一直持續在統計川普的誤導性或不實陳述。時至同年五月十八日，該數字已達到五百六十八。就職三年後（二〇二〇年一月二〇日），他總共提出了一萬六千二百四十一項錯誤的、或帶有誤導性的陳述。

媒體對於該如何面對川普之於真相的關係猶豫不決。他們該說川普在說謊，抑或單純指出他的言論是錯的？兩者的確切差別在哪？全美各地的編輯紛紛翻閱參考書，確認謊言的定義。他們的結論是，陳述不實不足以構成謊言——還必須有欺騙的意圖。問題是我們很難判斷一個人的意圖，畢竟意圖是心理的、內在的狀態。證明川普的陳述是錯的很容易，證明他有意欺騙觀眾就難了。因此，媒體很長一段時間都忍住不說川普其實是在說謊，而是說他的陳述是錯誤不實的、沒有根據的、未經證實的等等。也有人擔心若稱川普是個騙子，可能會被川普的支持者疏離。國家公共廣播電臺參考《牛津英文字典》對「謊言」的定義（「基於欺騙他人意圖而做出的錯誤陳述」），決定不要指控川普說謊，因為他們無法確定他的意圖是什麼。另一方面，《紐約時報》最終決定就把川普無憑無據的不實陳述直接稱為謊言——就連在頭條新聞中也這麼說。[7]

哲學家普遍同意意圖欺騙是撒謊的必要條件，使他人相信你說的話是真的，儘管你個人並不真的相信自己的話。[8] 我知道你剛完成一筆壞交易，但我不想讓你煩心，於是試著讓你相信自己做了一筆好交易，我刻意嘗試讓你相信一件我有充分理由不去相信的事。如果你相信我，等於被愚弄了兩次：你不僅對這筆交易有錯誤信念，你還對我所相信的事有錯誤信念。這也代表唯有認知發展相當進階的人才能說謊。誠如我們先前指出的，幼兒不懂世界真正的樣貌與人們對世界的看法之間的差異。孩子直到三歲才開始逐漸理解這點，也唯有理解這點，孩子才有辦法說謊。他們最初的謊言是關於自己所作所為的自私謊言。我沒拿他的圓鍬！七歲時，他們學會善意的謊言——以撒謊確保別人不會難過。這需要理解他人觀點的進階能力，包括理解他人的信念和感受。緩慢但毫無疑問的，我們學會撒謊，幾乎什麼謊都說——出於正直或不正直的理由。

「緩慢但毫無疑問的，我們學會撒謊，幾乎什麼謊都說——出於正直或不正直的理由。」

即便你無法直接得知他人的意圖，當他們說出不實陳述，你有時可以很肯定他們一定是在撒謊。如果你知道某人有管道接獲關於真實情況的資訊，或者那個人基於職務地位不可能不知道真實情況，你就有充分理由相信他們在撒謊。不過情況也可能是，儘管有很充分的理由不去相信，人們還是設法欺騙自己相信了謊話。我在前面提過，人類很擅長一廂情願的思考——我們往往能因非常想要某事成真，而說服自己相信那件事是真的。川普不太可能沒發現他就職的時候正在下雨，或是就連事後也沒從電視上看到他身邊的人都撐起了傘——可是也許，我只是說也許，他成功說服自己當時陽光普照。假如是這樣的話，當他說就職典禮時出太陽就不算謊言。很多人說通過測謊的最佳辦法，就是試著說服自己相信自己所說的一切其實都是真的。認識川普的人聲稱，他真的相信自己推特發文所說的一切。[9]因此，川普看似在說謊的時候（起碼偶爾有幾次），可能其實是在對自己說謊。

所以我要如何誘使人相信我相信是錯的事？最好的辦法當然就是利用能讓任何人相信任何事的語言學工具：**斷言**（assertion）。語言哲學家不僅對語言學含義感興趣，也對我們能用文字**做**什麼感興趣，也就是我們能透過言語做什麼**動作**。我們可以斷言某事，但我們也可以透過帶著特定意圖說特定言語去命令、承諾、要脅和說服別人。英國哲學家約翰·奧斯丁（John Austin）稱這是**言說動作**（speech acts），並在著作《如何以言語行事》（*How to do Things with Words*，一九六二）中做了詳細討論。很多哲學家認為斷言在言說行動中占據獨特地位，因為它是知識傳遞的要角。任何斷言正在下雨的人，不僅表達了**她相信**正在下雨，也表達了她有**充分理由**如此相信。因此，有意欺騙他人者可以用斷言的方式主張一些她個人不相信或沒有充分理由相信的東西：**從而使人以為他們擁有一些他們實際上並沒有的知識。**[10]

謊言一直是這場辯論的焦點——但毫無根據的斷言對知識的威脅同等嚴峻。沒有事實根據的主張有時是正確的，有時是錯誤的，與徹頭徹尾的謊言不可混為一談。毫無根據的斷言通常被形容為一種「鬼扯」（bullshit，按：或作屁話、胡說八道），我稍後會回頭談鬼扯的特徵。至於川普，他不僅有撒謊的傾向，而且老愛斷言一些沒有任何根據的事。例如在二〇一六年大選結束後不久，他聲稱歐巴馬政府竊聽他在紐約第五大道的住所。指控在職民主黨總統可能下令監聽一位共和黨總統候選人是非常嚴重的事，而且可能會損害民眾對美國民主制度的信心，這當然需要非常充分的理由。可是川普好像沒有任何可支持該言論的根據，這一切似乎是他從布萊巴特新聞網（Breitbart News，曾經由一度擔川普顧問的右翼民族主義者班農所領導的超保守新聞機構）一則充滿陰謀論的報導看來的。[11] 他的斷言毫無疑問是錯誤不實的（聯邦調查局否認監聽川普），但無論對錯，他的斷言是**沒有根據的**——它不是基於任何形式的重大證據。請記住一點，即使毫無根據的斷言後來被證實為真，你誤導他人以為自己擁有事實上並不具備的知識，依然是不爭的事實。

另一種說謊的方式是透過暗示（hints），或哲學家所謂的蘊義（implications）。使用語言時，我們傳達的東西往往超越明確說出來的內容。如果我斷言小明從上週四起就沒喝酒了，我或許沒有具體說明小明有酗酒問題，但我已經如此暗示了，或在話中蘊藏此意，因而也傳達了這個意思。[12]假如小明沒有酗酒的問題，那麼我的主張起碼應該被認為是具有誤導性的。研究人類如何以五花八門的方式用語言做暗示屬於語用學的範圍，這對語言哲學和語言學都是重要的研究領域。

二〇一七年二月十四日，川普邀請時任聯邦調查局長的柯米（James Comey）共進私人晚餐。總統一般會避免私下和聯邦調查局長相處，尤其是沒有旁人在場的情況。聯邦調查局正在調查川普的前員工佛林（Michael Flynn）是否有和俄國人合作，用餐時，川普針對佛林之事對柯米這麼說：「我希望你能放手。」[13]柯米認為這番話是在慫恿他放棄調查通俄門。這令人相當不可置信，因為這暗示川普介入了一個還在進行中的調查，而且試圖妨礙司法。不過，共和黨政治人物和其他川普圈子裡的人斷言這個指控毫無根據可言。川普沒有說「放棄調查」——他只是在形容自己的心理狀態而已：他有所期待。語言哲學家指出這些共和黨人顯然對語言的語用功能一無所知，又或者他們採用了一種全新的科學否認：語用學否認。任何人說出「我希望你能放手」時，通常都不是在描述他們的心理狀態——他們是在傳達放過某事的命令。別忘了川普說這番話的背景。

川普在一九八七年出版的回憶錄《交易的藝術》（*The Art of the Deal*，據說這是川普最愛書籍的第二名，僅次於《聖經》，寫於他主要從事房地產交易的期間）談論他順應人們的夢想去誇大，因為人們想要一切都是最大最棒的。他以自創說法誠實的誇張（truthful hyperbole）描述他工作時所做的事。他在競選總統期間發表的許多誇張陳述背後，肯定也存在類似的觀念。一切都將「令人驚豔」。可能取代歐巴馬健保的健康保險不僅會更便宜，而且還更全面。煤礦將重新開採，而且利潤會好到不可思議。可是，對生意人有效或在競選期間有效的伎倆，對一個現任總統就不是那麼有用了。寫作本書時，歐巴馬健保還沒被取代。替代方案（包括眾議院共和黨人送給參議院的法案）將導致絕大多數美國人的健保變得更貴且品質更差（能得到減稅的富人例外）。政治上獨立的審查單位國會預算辦公室（Congressional Budget Office）估計，倘若最新提案立法成功，二千四百萬有歐巴馬健保的民眾將失去保險。[14]

二〇一七年三月二十三日《時代》雜誌訪問川普，訪談聚焦川普與真相的關係。他為什麼說那麼多虛假不實和毫無根據的話？川普駁斥了自己會撒謊的暗示，自我辯護地說他的直覺很準，而且即使沒有任何證據，他通常仍是對的。然而，基於「直覺」相信某事不等於擁有知識，因為直覺並不構成證據——即使你碰巧是對的。而沒有證據的斷言是一種欺騙——哪怕它碰巧為真。以他聲稱瑞典出事的陳述為例，他說有鑒於幾天後瑞典的確發生了可怕的事件，所以他是對的。他指的是兩天後在斯德哥爾摩郊區林克比（Rinkeby）發生的騷亂，現場有汽車被焚燒且有人丟擲石頭。可是，他的主張在提出的當下是沒有根據的，這點不會因為幾天後發生的事而改變，我們當然有理由批評他。（他對情況的描述也不正確，因為他聲稱發生了造成多人死亡的「致命暴動」）。不幸的是，斯德哥爾摩於二〇一七年四月七日遭到恐怖攻擊，一名男子偷了一輛卡車開往市中心的皇后街衝撞人群。人們一直都有理由擔心斯德哥爾摩可能也會被鎖定，就像巴黎、倫敦和布魯塞爾一樣。但川普在三月二十三日並不知道會發生這樣的恐攻——他不過是在進行反穆斯林移民的政治宣傳。

被質疑說謊時，另一個常見的技巧是，辯稱自己其實沒有斷言任何事，你不過是在開玩笑或諷刺罷了。川普也用過這個手段。當他說自己被歐巴馬政府監聽的言論引發各界嚴厲批評後，他說人們沒注意到他在推文中給「竊聽」加了引號。這代表他不是取其字面意義。我們該如何理解這個極其嚴重的指控呢？康威急忙解釋說，他的意思是監視人們的方式有百百種，像是把微波爐變成攝影機之類的。[15]

另一個和自己信誓旦旦的斷言保持距離的手段是，辯稱自己不過是引用別人的話。

假設你質疑我說某某人不可靠的陳述，而我立即說，不，這不是我說的——是小明，這等於我撤回斷言，把它推給了別人。這也是川普的伎倆之一。在與《時代》雜誌的訪談中，當他被質疑提出了許多不實陳述，他便回應說，提出主張的人都不是他，他不過是引用了「主要電視聯播網（往往是福斯新聞）上受敬重的人和資訊來源」。就我所知，他沒有一次承認自己是錯的——無論有多少獨立來源顯示他的陳述不實。沒錯，二〇一六年秋天，他的確撤回了歐巴馬不是在美國出生的斷言（他自二〇一一年起就頑固地如此宣稱），但他撤回的說明是聲稱這整件事是希拉蕊編出來的（她顯然沒這麼做）。[16]這使他成為相當獨特的一名政治人物。即便狡詐出名的小布希（George W. Bush）最終都承認自己在任時稱伊拉克擁有大規模毀滅性武器是錯的，等於承認了伊拉克戰爭是建立在不實前提的基礎上。希拉蕊也曾試圖遮掩令人不安的真相，像是她的私人電郵伺服器到底發生什麼事，因而必須坦承錯誤——譬如她承認自己在聯邦調查局展開調查之前，主動刪掉了三萬三千封電郵。

我們為什麼說謊？

一個謊言可以有很多功能，端看它是哪種謊言。一般來說，我們為自私的理由撤謊，像是操弄別人去做一些事。在那種情況下，謊言對我們而言有明顯的工具價值。有些謊言不是基於自私的理由，而是為了不讓其他人難過——善意的謊言。基於這個理由，謊言不會受到嚴厲的道德批評。多數人大概會認為若有人總是唐突地說出關於個人事務方面的真相（譬如外表或服裝）是很白目的。有時謊言在某些情況下似乎是正當的，因為說出真相的後果傷害太大。一個備受討論的例子是祕密警察上門探問時，沒有誠實供出友人的下落。包括德國哲學家康德在內的一些哲學家聲稱，說謊在道德上永遠都應受指責。他們相信即使在能靠說謊救人性命的情況下，說謊仍是不道德的行為。不過，多數人認為這樣的標準太過嚴苛。即便有個道德規則指出人不該說謊，因謊言而操縱別人，在某些情況下，其他道德規則會凌駕這個道德規則——我們不應該傷害他人就是一個例子。[17]

心理學家也談論「藍色謊言」。[18]他們指的是自私但也有利於他人的謊言——但只對屬於同一群體的他人有利。假設你說關於另一群體（互為敵手的小隊）的謊言，你等於幫助了自己的小隊，儘管這也是出於自利的私心。加拿大心理學家李康（Kang Lee）對藍色謊言進行了實驗。他的測試對象有七歲、九歲、十一歲的孩子，研究發現年齡愈大的孩子愈有能力使用藍色謊言。例如比起年齡較小的孩子，年齡較大的孩子更常說謊支持自己的西洋棋小隊。藍色謊言具有類似部落思維的凝聚力，當群體面對其他群體時，它們會被當作對付敵人的武器。此功能可能意味著，和你同陣營的人甚至不會因有人說謊而苦惱——謊言保護了自己人。敵對雙方強烈不滿彼此的對立環境，是藍色謊言生長的溫床。人們接受關於競爭對手的謊言，無論是政敵還是敵國。

研究人員認為這也許說明了川普的選民為何不在乎他頻繁地發表不實陳述：他支持他們——而不是和全球化知識菁英稱兄道弟，而且他的謊言壯大了他們所屬的「小隊」。選後不久，《紐約時報》訪問一名川普支持者。這位支持者有追蹤保守派部落客戴斯（Mark Dice）的網站。戴斯提倡各種陰謀論，這位川普支持者知道戴斯的話不可靠，但仍覺得讀他的文章很有趣：「我喜歡這種滿足感。就好像一場曲棍球賽。每隊都有自己的打手。他們的打手正在對我們的球員動手動腳，看到我們的打手反擊回去就是痛快。」[19]

川普為什麼能以有別於過去任何美國政治人物的方式和空前的程度撒謊卻全身而退，有很多種解釋。他給人的印象是他相信自己說的話（有時他可能確實是這樣）。承受壓力時，他會稍微和謊言拉開距離（「我只是引用」，「不是像字面上的意思」等等），但不會和他所說的話徹底疏遠。他的選民為謊言歡呼，當作對抗敵對陣營的一部分，而且他顯然受到一臺巨大的宣傳機器全力支持，其中包括福斯新聞和布萊巴特新聞網（俄羅斯政府就別提了）。一部分原因也出於媒體對川普謊言的彆扭態度。經濟學家和政治學家賴希（Robert Reich）勾勒了一個模型，該模型解釋川普的陳述如何在十個步驟內，從謊言轉變為以假亂真的話。[20]首先川普會發表一些言論，然後媒體報導說專家們認為此言不實。川普隨後抨擊媒體不誠實，然後在推特發文說很多人認為他是對的。媒體改口稱此聲明為有爭議的，民意調查顯示許多人相信川普，到頭來川普的陳述每次都不是被描述為謊言，而是反映了政治兩極對立的言論。

令媒體尷尬的情況可不只一樁。川普是門好生意。據估計，CNN在二〇一六年秋季競選期間從川普胡鬧劇賺進了一億美元。川普在媒體的高收視率，使美國哥倫比亞廣播公司（CBS）執行長萊斯・莫文維斯（Les Moonves）表示：「這可能對美國不利，但對CBS來說簡直是賺翻了。」[21]

「說謊的人試圖隱瞞她不相信自己的主張，鬼扯的人試圖隱瞞她其實不在乎實情到底是什麼。」

不過直接把川普形容為一個徹頭徹尾的騙子，可能不完全正確。美國哲學家哈利・法蘭克福（Harry Frankfurt）指出了撒謊和鬼扯間的關鍵差異。[22]說謊和鬼扯的人都假裝提出斷言。差別在於騙子在乎真相，不然他不會費力地去傳達錯誤的資訊。因此說謊需要知識與專注——這可不是眼睛都不用眨一下就能做到的事。而且由於信念和信念環環相扣，一個謊通常需要更多的謊來圓，這意味著說謊者必須投入精力維護謊言所交織出來的網絡。可是法蘭克福表示，鬼扯的人對真相不感興趣，毫不猶豫就能提出主張，不管它們是否成立、是否有根據、是否前後連貫。鬼扯的人和說謊的人都想掩蓋一些關於自己的事，不過他們想掩蓋的東西不一樣——說謊的人試圖隱瞞她不相信自己的主張，鬼扯的人試圖隱瞞她其實不在乎實情到底是什麼。鬼扯的人注重的不是世界的真實樣貌，而是傳達正合她意的東西。

我們為什麼胡說八道？根據法蘭克福表示，任何人一旦被迫深入又頭頭是道地談論自己不懂的事情，就有可能會鬼扯。他聲稱由於公眾人物經常遭遇這種處境，因此（政治之類的）公共生活充斥胡說八道的鬼扯並不令人意外。美國媒體發現法蘭克福口中鬼扯的人，非常適合拿來形容川普：他隨心所欲地發言，有時恰好是真的，有時則不是，但重點是那些話能支撐他的政治盤算。[23]而且有鑒於他對政策相關問題興趣缺缺，因此當然經常得談論自己一無所知的事。法蘭克福認為鬼扯發生的原因還有，民眾認為生活在民主社會的人應該對一切事物，或至少對與她的社會有關的一切事物，有自己的一套看法。這是個有趣的觀念，而且令人想問下一個問題：網際網路對我們的知識及對知識的看法帶來了什麼影響？

知識和網際網路

我們在第三章討論了事實兩極化背後的心理學，包括確認偏誤和政治動機性推理。但事實兩極化當然也是全新媒體環境所造成的結果。因為只要我們還在觀看和翻閱幾家電視頻道和幾家紙媒，就被迫同時面對符合和挑戰個人信念的資訊。想像你在翻閱早報，你會看到從未想要主動搜尋、甚至寧可不要看到的資訊。現在我們可以輕而易舉地就不去接觸可能挑戰個人信念的資訊來源。揮灑你的確認偏誤從未如此容易。電視頻道和廣播電臺的範圍非常廣泛，尤其是美國，這是個福斯新聞和其他訂閱頻道扮演重要政治角色的國家。當然，還有網際網路，各種類型的非傳統媒體在網路上百花齊放，只要對我們有利就可以拿來用。

「我猜民眾如今對世界的誤解比網際網路興起之前更多了。」

還記得網際網路和 Google 出現之前，我們過著怎樣的生活：你可以花了一整晚討論一九九四年足球世界杯的陣容，或是亨利八世妻子的順序。這類討論如今都能在短短三十秒內解決。回想這些難免教人緬懷過去，可是你也別忘了網路問世之前的生活是多麼艱難。一九八〇年代，我正考慮出國留學，需要查找一所美國大學的地址。為此我到斯德哥爾摩的瑞典國家圖書館，找一本登記了世界上所有大學地址的磚頭書。當我終於要離家時，我甚至連自己要去的地方的照片都沒看過。而到了那裡之後，我對留學期間瑞典發生了什麼事一概不知（除了每週與父母通話十分鐘時，從他們口中得知的事）。

網際網路是否使我們擁有比以往更多的知識？這個問題不可能有答案。首先我們得計算真實的、有充分根據的信念有多少，然後以某種方式把人口成長納入考量，而這顯然是不可能的任務。假如硬要我猜，我會說民眾如今對大量事物的瞭解比過去多太多（例如世界某遙遠角落的樣子或流行文化）。可是除此之外，我猜民眾如今對世界的**錯誤**信念也比網際網路興起之前更多了。

蒙昧無知有兩種：錯誤不實的、沒有根據的信念，以及**欠缺**信念。這是得到錯誤資訊（misinformed）和無知（uninformed）的差別。一方面，當我說我不知道羅馬尼亞最高峰的名字時，我的意思是我沒有任何關於這問題的信念。由於我對此事一點頭緒也沒有，因此我缺乏知識——我是無知的。另一方面，如果我相信羅馬尼亞最高峰叫白朗峰，我的沒知識又是另一種：我有一個信念，但它是錯誤不實的。這樣的我是得到了錯誤資訊。

我在前文已強調信念在心理學上的核心作用——它們會引發其他信念，然後和欲望一起促成種種行動。基於這個原因，得到不實資訊比一無所知的傷害更大。如果我對氣候、疫苗和犯罪抱持錯誤看法，這將對我的世界觀和所作所為造成影響。這可能導致我不在乎減少碳排放，或選擇不給孩子接種疫苗。麻疹的疫情目前在歐洲各地的幼兒間爆發，部分原因是許多人抱持沒有根據的信念，認為綜合麻疹疫苗會導致自閉症，因而不讓孩子接種疫苗。[24]然而，假如我對此沒有意見，這不會對我的其他信念和行動帶來直接影響。當然，它可能會帶來間接的後果。如果我對疫苗是否有害的問題完全沒有意見，我可能永遠不會帶孩子去接種疫苗——但若我真的相信接種疫苗對孩子是危險的，我沒帶孩子去接種疫苗的風險顯然大得多。而且如果我對某事沒意見，與我接觸並讓我基於既有證據而相信某事比較容易，因為不會有確認偏誤從中作梗。

近年來，關於專業之死，以及人們厭倦聽取專家意見而偏好自作主張的討論甚囂塵上。這在脫歐公投中發揮了重要作用，脫歐的一位重要政治人物戈夫（Michael Gove）表示：「這個國家的人已經受夠了專家。」我將在最後一章回頭談為什麼我們應該信任專家，但誠如尼可斯（Tom Nichols）在他的《專業之死：為何反知識會成為社會主流，我們又該如何應對由此而生的危機？》（*The Death of Expertise*）中所主張的，對專家的挑戰很可能與網際網路，以及網際網路讓每個人都能輕易搜索有關任何事物的資訊所產生的專業幻覺有關：資訊被包裝得容易取得，以至於我們有一種瞭解事物如何運作的感覺。[25]在網際網路出現之前，你必須很努力才能讓自己熟悉本來一無所知的主題。你必須到圖書館借書，閱讀期刊文章，並使用參考書籍。這很費時，而且給人一種知識需要花心力取得的感覺。現在，關於任何事情的資訊幾乎都可以在一分鐘內獲取。知識顯得很容易取得，不再有任何理由信任權威。尼可斯不僅描述他做為一名政治科學家不斷受到非專家的質疑，還描述這種現象在整個社會中變得愈來愈普遍——醫生、律師、研究人員及許多專家的專業知識不斷受到挑戰。

「我們往往在遇到所知不多的事情時，高估自己的能力。」

心理學中有種認知扭曲叫作「鄧寧—克魯格效應」（Dunning-Kruger effect），以心理學家鄧寧（David Dunning）和克魯格（Justin Kruger）命名。他們證明了能力和自信間有一種反比關係。簡言之，我們往往在遇到所知不多的事情時，高估自己的能力。自一九九〇年代以來，研究者已進行了許多實驗，顯示這類認知扭曲發生在所有領域——它和諸如邏輯推理、語法寫作、醫療個案評估或打網球之類的能力有關。[26]舉例來說，最高估自己邏輯能力的學生在邏輯考試中表現最差。這沒什麼好驚訝的，畢竟你需要用來評估自己在X方面能力的知識，恰恰就是有關X的知識或從事X的能力。基於相同的原因，能力較弱的人很難評估其他人的能力。鄧寧在最近一次的訪問中說，這種認知扭曲和在網路上輕而易舉就能找到資料，產生了一種有問題的互動：欠缺自知之明的能力，強化了虛假不實的專業感。根據鄧寧表示，當前的問題不是人們失去了形成主見的能力，而是人們太容易就拿定主意了。[27]

我們在網路上找到資訊的速度大概和忘記這些資訊一樣快。我們讀過的東西不會全留在認知系統裡。不過，認知系統的極限也不是很明確。哲學家近年來開始討論起**延伸認知**（extended cognition）這件事。這個觀念是說我們用來解決問題和儲藏資訊的工具，也是我們認知系統的一部分。原始案例的主角是想去紐約當代藝術館的奧圖和印加（Otto and Inga）。[28]印加知道當代藝術館位在第五和第六大道之間的五十三街，於是出發了。有阿茲海默症的奧圖開始失去記憶，因此把需要記得的東西都寫在一個隨身筆記本，其中包括當代藝術館的地址。他需要翻筆記本確認，但他快速又熟練地做這個動作，然後就像印加一樣輕鬆自得地往當代藝術館出發。奧圖筆記本上的資訊能不能算是他信念的一部分呢？這個問題也許有點怪——信念肯定是一種心理狀態，某種存在體內的東西，不是嗎？但克拉克與查默斯（Clark and Chalmers）想強調奧圖筆記本中的資訊，和在印加腦袋裡的資訊有一模一樣的功能。它對奧圖的行動有一模一樣的影響，而且（幾乎）和印加腦袋裡的資訊一樣容易取得（印加有時得花幾秒鐘想起博物館位於第幾街）——既然如此，我們為何不能說印加的信念在她的腦袋裡，而奧圖的（部分）信念在他的口袋裡？

這篇關於奧圖和印加的哲學文章，寫在智慧型手機接管我們的人生之前。智慧型手機在現代人生活中的作用翻轉了問題：我們是否已將部分認知外包給手中的智慧型手機？手機提供給我們的資訊，可能對我們的行動發揮和腦中資訊一樣的作用，而且（起碼幾乎）同樣容易取得。整體來說，我們有什麼理由把心理狀態限制為腦袋裡發生的事呢？這是當代哲學熱議的一個問題。[29]無論你的答案是什麼，大家都同意一件事：手指滑一下就能取得的資訊，對你我行動的影響和腦中儲存的資訊是不相上下的。

重點不光是我們積極地尋求資訊。就在每個人口袋裡都多了一支智慧型手機的同時，社群媒體也有了重大突破。在此之前，臉書這類平臺的使用者主要局限在美國大學生的圈子。成立之初，臉書基本上是使用者個人的天地——分享可愛的家庭、美好的假期，以及令人垂涎欲滴的晚餐的照片。我們也玩開心農場之類的迷人小遊戲。不過，臉書很快開始發揮其他功能。二〇〇八年美國總統大選期間，一位不知名的年輕參議員巴拉克．歐巴馬成功透過臉書動員了年輕支持者。二〇一一年阿拉伯之春期間，社群媒體為在不同社區（例如開羅的解放廣場〔Tahir Square〕）組織及從事抗議活動的年輕人提供了重要的交流。沒多久，我們開始在臉書分享新聞文章和YouTube影片。在臉書出現前，一個網站要透過Google之類的搜尋引擎，或擁有會主動造訪網站的一票讀者，才能吸引人們的目光。現在突然出現一種截然不同的吸引關注的方式。鈔票也成了一大因素，因為臉書允許愈來愈多的廣告商加入，也設計了更多投放廣告的方式。我們分享的內容愈多，廣告商就愈感興趣。人們很快發現分享的內容是真是假不太重要——重要的是內容被分享了。我們不斷被餵食各式各樣的內容——甚至不再需要主動去找尋。點擊經濟的時代到來，為通常被稱為「同溫層」（filter bubbles）的現象奠定基礎。[30]

同溫層有各種類型。我們的朋友構成一個同溫層。我們傾向與有相似背景及世界觀的人相處。就我所知，儘管我在美國有很多朋友，可是我的臉友中沒有一個人投票支持川普。我們也傾向信任臉友。這顯然與我們之前提到的**內團體偏見**有關——傾向信任自己所屬的群體，而對其他群體充滿不信任。資訊學與電腦科學教授門澤爾（Filippo Menczer）早在十年前就曾主持一項實驗，結果證明七二%的大學生非常信任來自朋友介紹的人脈，甚至到了願意分享個人登錄帳號密碼的程度。[31] 門澤爾決定測試人們願意相信看似來自友人的不實資訊到什麼地步。他做了一個假網頁，專門散播憑空捏造的名人八卦，然後在頁面上放廣告。等到月底時可以兌現收入。他的頁面被朋友分享的次數多到廣告開始賺錢了，這還是在他有在網頁中指出內容純屬虛構的情況下。

十年後，門澤爾的實驗已實際在全球各地發生。舉例來說，我們知道馬其頓的年輕人在美國總統大選期間分享假新聞賺了大錢。然而，看似由真人架設但其實是電腦生成的頁面（也就是**社群機器人**）也是很常見的事。而且臉書顯然不再只是做為個人用途，公司、政黨和各種意識形態團體也大量地使用臉書。專為臉書設計的政治性專頁不斷發送極為片面且錯誤的資訊流，然後透過每個人的朋友網絡向外傳播。這些專頁包括占領民主黨（Occupy Democrats）、憤怒的愛國者（The Angry Patriot）、當個自由派（Being Liberal）、受夠的美國人（Fed-Up Americans）等等。（瑞典版包括為彼得史普林佳挺身〔Stå upp för Peter Springare〕和奧丁大軍〔Soldiers of Odin〕）。它們的目標只是為了獲得更多分享數，而政治新聞愈是兩極化愈是容易被分享。Buzzfeed 二〇一六年秋季對臉書政治專頁所做的分析顯示，美國右翼專頁發布了三八%的虛假不實或誤導性資訊，而同一項數據在美國左翼專頁當中為二〇%。[32]只要內容是由朋友分享，而且驗證我們本來就相信的事，我們就會傾向信任這些內容，並進一步對外分享。例如二〇一六年秋天流傳的一則故事，說川普在一九九〇年代接受採訪時，曾表示假如有朝一日他要競選總統，他會選擇代表共和黨出征，因為他們的選民比民主黨的選民笨。這對我的朋友圈當然是令人非常滿意的「新聞」，因此在這個故事被揭露為子虛烏有之前早已被分享了無數遍。

「科技也系統性地過濾資訊，好讓資訊完美地符合我們的口味。」

不只朋友圈會提供先入為主的過濾，科技也系統性地過濾資訊，好讓資訊完美地符合我們的口味。演算法控制了我們所看到的資訊一事，在二〇一六年期間蔚為話題——演算法根據使用者在網路上的歷史行為分配資訊。這一切當然都是受廣告收入驅使。臉書根據我們的參與度（點擊數，留言數，分享數）測量如何成功，因為這是廣告商感興趣的事。臉書公開聲明其目標是讓使用者看到與他們最相關的內容，並對貼文進行排序「好讓對每個人最重要的內容都會在動態消息優先出現」。[33]這個聲明的言下之意是，內容排序完全不考慮可信度。[34]即使在Google查資料，搜尋結果也是根據你以往的線上活動進行排序。氣候變遷懷疑論者在Google上查找氣候變遷的關鍵字時，將得到和氣候研究人員不一樣的資訊。同樣的，YouTube使用的演算法為極右翼分子和陰謀論者提供從事宣傳的切入點。[35]過濾的過程，因而具有如同認知扭曲的功能：它給我們能驗證原有信念的資訊，同時避掉了可能挑戰我們信念的一切資訊。假如智慧型手機的資訊可以被視為一種延伸認知或外部認知，那麼建立在演算法之上的資訊過濾應該被視為一種外部認知失真。

門澤爾指出，幫助我們區辨真假的科技尚未出現。說「尚未」在這個脈絡下並不適切。我認為夢想擁有那種科技，就像夢想擁有完美的測謊機一樣牽強。[36]信念是真是假取決於世界的樣貌，而世上沒有一種演算法可以區分與世界樣貌相關和不相關的陳述。

然而，我們可以展望一個會優先考慮可信來源的演算法——門澤爾也提到了這點。這樣的演算法本身就是一場革命。你查找的資訊將不再附和你的既有信念和意識形態立場，而是根據哪些內容有值得信任的理由。氣候研究人員和氣候變遷懷疑論者將會獲得相同的資訊。當Google在二〇一五年首次討論採用這樣的演算法，知識的敵人開始覺得前景堪慮。福斯新聞節目《現正發生》（*Happening Now*）尤其不滿，暗示這根本是一種審查制度：「他們說，你有權發表自己的看法，可是無權發表自己的事實。這並非人人都可接受的概念。」然而，這很顯然是個唯恐天下不亂的企圖。我們「無權擁有」屬於自己的事實——事實不屬於任何人，而是屬於這個世界。

我們愈是依賴從社群媒體取得新聞，得到的資訊就愈是個人化。調查顯示瑞典年輕人從社群媒體獲得的新聞量，在二〇一六年首次超越其他來源。美國人三分之二有臉書帳號，其中六〇%用臉書接收政治新聞。這個比例在年輕人身上更高。[37]

可是，目前的兩極化不能全都怪罪給新科技。在一項媒體兩極化的重要研究中，研究人員藉由檢視二〇一五年四月一日到至二〇一六年十一月九日總統選舉日期間發表的一百二十五萬篇文章的散播，分析新聞（在臉書和推特）被分享的方式。[38]他們注意到川普支持者兩極化的程度勝過希拉蕊支持者。希拉蕊支持者分享的新聞來自相對較廣泛的政治光譜，而川普支持者幾乎只分享圍繞著布萊巴特新聞網的區區幾個極端保守派來源的新聞。福斯新聞網於共和黨初選期間攻擊川普後，他們甚至盡可能不分享福斯新聞的報導。研究人員得到的其中一個結論是，當代的兩極化不全然是新科技所造成——倘若真是新科技造成的，政治光譜兩端的兩極化程度應該不相上下——而是和人民選擇與政治宣傳的複雜組合有關。[39]另一個結論是，我們在使用「兩極化」的概念時要非常小心。假如兩個人站在足球場的中央，然後其中一人移動到球場的底端，表面上可能像是發生了兩極化——但其實移動的只是其中一方。

不過，對於受過來源批判（source criticism）訓練的人，以及有評估理論合理性或論點正確性習慣的人而言，即使網際網路可被用來加深兩極化和散播不實資訊，它依然是個貨真價實的寶庫。儘管我們很容易假設網際網路造成了知識的民主化，實際情況可能完全相反：對某個主題已擁有豐富知識的人也許大大受惠於網際網路，可是欠缺知識的人多數時候都承受著被誤導的風險。誠如《聖經》所言：「凡有的，還要加給他。」如果你懂得找資料，就能找到關於任何事物的嚴謹資訊。

成為研究人員也從未像今天一樣容易。即使你住在偏遠地區，也可以輕鬆取得所有相關的研究文章，並帶著自己的研究邁向國際舞臺。我在一九八〇年代開始念哲學的時候，留在瑞典很難跟上國際水準。你可以閱讀紙本期刊（至少是其中一部分），但不太知道在研究上遙遙領先的那些國家（以哲學為例，譬如英國和美國）的情況如何。舉例來說，你可能寫了一些東西，然後才被訪問學人告知這個問題已在普林斯頓大學的一次研討會中解決了，不再具有研究意義。關於研究，網際網路無疑是有益的：世界各地的研究人員能在相同的條件下參與，然後彼此交流新發現，有效地加以評估，進而發展理論。在反省網路成為了不實資訊的來源時，也應納入這個觀點。

假新聞

不實資訊有各種類型。自二〇一六年以來，我們聽了很多有關假新聞的事。在美國，最初焦點是關於川普和希拉蕊的假新聞。其中有些新聞報導頗為離奇，例如聲稱希拉蕊是一群戀童癖者的領袖。據傳華盛頓特區一間披薩店「乒乓彗星」（Comet Ping Pong）是同路人，將兒童俘虜充當性奴隸。有個年輕人對這一切信以為真，開了六個小時的車去華盛頓特區，帶著自動武器衝進披薩店，想解救謠傳被關在那裡的兒童奴隸。所幸沒有造成傷亡。[40]記者盡可能地做事實查核，但經常慢了一步。教宗支持川普的假新聞在短時間內被分享了近百萬次。這類假新聞也是為了迎合政治兩極化和政治動機性推理，因此成效頗彰：我們被餵食和自己政治觀點一致的資訊，以及我們想要信以為真的資訊。在這種情況下，事實查核很可能無濟於事。

假新聞顯然也在瑞典發揮關鍵的政治效果。二〇一七年四月七日斯德哥爾摩市中心的皇后街發生恐攻之後，有一連串假新聞在網路上傳播開來。其中有些故事展現了民眾的恐慌，以及他們對於可能還有更多攻擊的恐懼。譬如許多謠言透過社群媒體和知名的傳統媒體向外傳開，指稱市區有多處發生槍擊事件。被嚇壞的我們躲在室內等待進一步的消息。但有人卻藉此機會操弄政治局勢。右翼的瑞典民主黨的祕書分享了一則推文，該推文錯誤報導說曾有一名瑞典牧師表示，我們必須想辦法原諒這一行為。另類媒體平臺「政治事實」（Politikfakta）指控媒體隱藏真實情況，聲稱有三名男子從卡車跳出來，開槍射擊並持刀刺傷民眾。[41] 假新聞被用來加深兩極化，以及散布政治宣傳。[42] 事實上，瑞典被全球不實資訊的出征鎖定為目標，目的是要強化民眾對極右翼民族主義的支持。造成這種情況的部分原因是，在極右翼民族主義運動的眼中，瑞典就是得失敗：一個進步、平等、女性主義且支持移民的國家。瑞典的失敗是必要的，因為它將成為其他國家的借鑒。[43]

有時候，人們使用「錯誤新聞」（false news）一詞（臉書偏好這個用詞）。我為此感到遺憾，原因有幾個。我們真正要說的是「假造的」或偽造的新聞。畢竟，這類新聞的重點是使捏造的報導看起來像真實的新聞，像是記者採訪做出的報導，一如偽鈔的目的是使它們看起來像真鈔。[44]內容以新聞報導的形式傳播開來，純粹是為了造成特定影響，通常是政治性的影響（不過並不是一定，主要目的是獲得互動，像是分享與按讚），真實性完全不是重點。這就是假新聞與馬虎的新聞報導的不同之處，後者沒有刻意無視真相。此外，假新聞的故事內容並非都沒有半點真實——真相與謊言常被以難以澄清的方式摻雜在一起。眾所皆知，最有效的宣傳不會用完全虛假的內容，而是把真真假假混在一塊欺騙大眾。二〇一八年聖誕節前出現在瑞典的假新聞就是一例，這則不實報導指出，為避免強調基督徒傳統多於穆斯林傳統，厄勒布魯（Örebro）的聖誕節音樂會取消了。音樂會確實取消了，但卻不是基於上述原因（他們其實是在籌措活動經費上遇到困難）。如果將假新聞稱為「錯誤新聞」，這種現象就更難掌握。更糟糕的是，我們有可能忽略了帶有事實錯誤（難免會發生）的真報導和假新聞之間的差別。

這當然正是川普希望民眾會忽略的差別。事實上，他自稱發明了「假新聞」一詞（其實它自十九世紀末就一直被使用），而且老是用此讓人懷疑揭露他不良行徑的媒體。由於川普專門拿它做此用途，有人主張我們根本不該使用它。我認為那不是正確的決定。我們得用假新聞指稱一個非常真實又危險、在社群媒體上散播的宣傳。我們只是得非常清楚地界定「假新聞」是什麼、不是什麼：它是偽造的新聞，是未經實際跑新聞過程而來的資訊，以及基於前述原因而不值得信任的資訊。無論假新聞是由想靠廣告賺錢的青少年、俄羅斯酸民工廠，還是由政治宣傳平臺生產，這個定義都成立。

懷疑法

不實資訊是用來造成錯誤信念或阻止真實信念形成的資訊（記得嗎？無知有兩種！）。第二種不實資訊有個有趣的版本可追溯至一九六〇和七〇年代，當時美國菸草遊說團體為使民眾懷疑吸菸危險說發動了一場宣傳。在美國衛生當局和其他勢力的動員下，吸菸有害健康的資訊開始散布，菸草業遭到攻擊。菸草公司布朗與威廉姆森（Brown & Williamson）寫於一九六九年的一份祕密備忘錄，描述了菸草公司自我辯駁的一項策略（許多相關備忘錄被吹哨人小威廉斯〔Merrell Williams Jr.〕披露給社會大眾）。祕密備忘錄指出，很可惜沒有證據顯示吸菸有益健康，因此有必要尋求另一種策略。業者提議試著在民眾心中種下對科學發現的懷疑。由於某遊說機構已努力在影響華府的政治人物，因此一般大眾成了該策略的目標受眾。他們打算用廣告宣傳「推銷」懷疑：「懷疑是我們的產品，因為這是與存在一般大眾心中『(連結吸菸與疾病的)種種事實』競爭的最佳手段。這也是創造爭議的手段。」[45]

這個策略的巧思在於利用了我們的理性。我在前文曾討論兩種不利於信念的證據：**擊敗者**(提供證據證明信念是錯誤的)和**破壞者**(不利於我的信念基礎的證據)。如果我讀過證明吸菸危險的研究，因而認為吸菸是危險的，有兩種方法或許可以讓我改變主意：你可以嘗試說服我吸菸無害，甚至主張吸菸是健康的，在這種情況下，你使用的是**擊敗者**。或者，你可以嘗試破壞我主張吸菸危險的證據，這代表你試圖破壞我對研究表明吸菸有害健康的信念。沒錯，這還不足以使我相信抽菸不危險，但可能足夠令我相信問題有待釐清——這可能意味著，我不再對此事抱有確定的信念。如果我是個菸癮很重的人，採用第二種方法絕對可以輕易讓我繼續買更多的菸。布朗與威廉姆森推銷懷疑的提案，正是藉此機會破壞了證據。他們認為要找到一個**擊敗者**很不容易，可是散播研究並非毫無模糊空間，而且有些東西尚未證實(例如，吸菸與肺癌間的相關是否確實呈現一種因果關係)的訊息，不失為一個好辦法。

相同策略後來也大大幫助了煤炭與石油業。[46]這可是一門大生意。查爾斯和大衛·柯克(Charles and David Koch)兄弟捐了八十萬美元給一個積極反對全球暖化證據的組織，他們還捐了一大筆錢給川普的競選團隊。[47]令人起疑的常見方法之一是散布不實陳述，像是說氣候科學家對造成氣候變遷的原因看法不一。心理學家發現，相信專家看法一致，是民眾採信某個科學立場的關鍵。儘管專業受到的質疑愈來愈多，專家對民眾的影響似乎依然成立。[48]回到氣候的問題，認為研究人員看法一致的信念被稱為「門戶信念」（gateway belief），因為它對你看待抵抗全球暖化舉動的立場至關重要。假如你相信人類活動影響氣候的說法專家是一致同意的，你也會對減少碳排的措施抱持積極態度。

許多研究都顯示氣候研究人員的共識度很高，在九七％到九八％之間，甚至可能更高。[49]煤炭與石油業者因此一直致力於破壞這個信念，試圖讓人們相信專家的意見實際上並非完全一致。最著名的例子是二〇〇七年的「俄勒岡全球暖化請願計畫」（The Oregon Global Warming Petition Project），該宣傳活動試圖散布有三萬一千多名研究人員簽署了一份請願書的資訊，指出沒有證據顯示人為造成的碳排放會導致災難性的全球暖化。這份請願書早就被揭穿是虛張聲勢。[50]舉例來說，只有不到一％的簽署人是氣候研究者，很多簽署人都是其他領域的專家（還有很多簽署人根本沒指明其專業領域）。而且它參考的部分科學文章，其實只是拼貼流暢的不實幻想。[51]

儘管如此，不實資訊還是有效的。僅六七％的美國人認為專家間有共識，只有一二％的人知道共識的程度超過九〇％。研究人員相信這是不實資訊宣傳導致的結果。在瑞典，只有四七％的人「完全同意」全球暖化正在發生的說法，另有四三％的人表示「同意」，但沒有到完全同意的程度。[52]研究也顯示這類不實資訊可能動搖你過去對氣候議題的認識，而且是一舉推翻。[53]另一種類似的技巧被稱為**假平衡**（false equivalences），也就是安排氣候研究人員和氣候變遷懷疑論者「辯論」。即使外行人無法評估這些論點，光是舉辦了一場辯論的事實，就給人議題仍存在歧見的印象，而且雙方各有各的證據。前環境保護局局長普魯特之所以明確提及專家間的分歧，宣稱有必要做更多研究，並非碰巧。普魯特和煤炭與石油業關係緊密也不是巧合。[54]事實上，環境保護局最新的接班人是前煤炭業遊說家惠勒（Andrew Wheeler）。

川普則是更進一步，直接提出相當驚人的破壞性陳述。他聲稱一切關於氣候變遷的言論不過是一場中國騙局。這簡直不可思議。如果九七％的全球氣候研究人員同意氣候變遷及其成因，中國政府肯定設法以某種方式影響了他們。中國人怎麼辦到的？中國人是收買了氣候研究人員，還是以什麼手段威脅了他們嗎？中國政府肯定是成功讓所有研究人員花費數年時間收集錯誤的數據，然後撰寫具有誤導性的研究文章，最後再交由肯定也被操縱的其他專家進行同儕評審。更別說各大知名期刊因而連續出版了數十年的假研究。川普的陳述不是一個普通的破壞者——它預設了一個大規模陰謀論的存在。所以當川普在二〇一七年六月一日對全世界宣布，美國退出地球上每個國家（尼加拉瓜和敘利亞除外）都在二〇一五年簽署的《巴黎氣候協議》，並不是太令人驚訝。

陰謀論

從心理學和認識論的角度來看，陰謀論在許多方面都令人著迷。從心理學上講，它們是一種邪教思維的體現。[55]你屬於一小群人，這群人發現了真相並揭露了生活的事實。唯有邪教的成員獲得了真相——其他人全被蒙在鼓裡，而且受啟發的人與其他人之間有明顯對比。

陰謀論總是在各種重大事件之後形成，尤其是悲劇，像是一九八六年的瑞典總理帕爾默（Olof Palme）遇刺案和紐約的九一一事件。我們很難接受這些事件並不屬於某個更宏大的計畫——一種能賦予它們意義的敘事。瑞典總理肯定不是被佩特森（Christer Pettersson）這酗酒的無名騙子槍殺的吧？我們仍不知道實際發生了什麼事，我們可能永遠也查不出真相（案件將在二〇二〇年夏天結案）。*然而，許多人拒絕相信殺人凶手為佩特森的推論，可能是因為帕爾默的死因在這種情況下，會和堂堂瑞典總理在街上被槍殺的悲劇變得不成比例。因此，謀殺案背後存在複雜陰謀（也許是某種國際陰謀，或是和瑞典警方的黑暗勢力有關）感覺起來比較合理。二〇〇一年九月十一日教人難以理解的紐約悲劇也引發了很多陰謀論，將悲劇事件化為某個更宏大敘事的一部分。這絕不是幾名學會飛行（但沒學降落）的宗教極端分子，被說服犧牲自己的生命，以滿足賓拉登對美國的仇恨——這一切都是美國政府策劃的（也許是為了入侵伊拉克，搶他們的石油）。舉例來說，二〇〇六年的一項調查顯示有四二%的美國人認為，政府積極隱藏或選擇不調查能對這場悲劇有不同解釋的證據，譬如為什麼政府沒在客機撞進大樓前，派空軍噴射機將之攔截，阻止悲劇發生？[56]

就認識論而言，陰謀論處理證據的方式相當有趣。它們經常強調一個事件未被適當說明的特定細節。一九六九年登陸月球是一場騙局，就是這類陰謀論的例子之一。這個陰謀論建立在美國國旗飄動的攝影證據之上。月球上可不會刮風！相較於嘗試用一般的思考框架解釋問題現象（其中一名太空人在拍攝照片前一秒剛撞到國旗），這件小事被拿來建構一個全新的理論（照片肯定是在地球上造假拍攝的！）——儘管有大量的其他

＊譯注：本案於二〇二〇年六月十日結案，檢方認定槍手為一名叫作恩斯隆的男子，但此人已於二〇〇〇年自殺身亡。

證據可以反駁。研究人員算出如果登月是騙局一場，將需要四十萬人參與這個陰謀。[57]任何曾試圖與幾個朋友分享祕密的人都知道，同時讓四十萬人保守登月騙局的祕密，機率有多麼小。

即使陰謀論的出發點是理性——想要說明事件中似乎缺乏解釋的某個部分——一旦替代理論發展成形，它很快就把理性拋在腦後。一個證據充分的簡單理論（美國於一九六九年登陸月球）被一個極其複雜的理論取代，而且為了讓這個理論成立還得接連補充一個個奇怪的假設。在這方面，陰謀論好比有問題的科學理論（例如地球是宇宙的中心）受質疑時可能發生的情況。為了解釋眾行星的運動，過去的人必須提出複雜的假設，即行星沿著圍繞地球的本輪（epicycles，以一個圓周運動為範圍的圓周運動）移動。

陰謀論另一個有趣的特色是它的內在**破壞者**。藉由指出背後藏有陰謀，我們可以用來反對問題理論的證據就被打發了。陰謀對我們不利的人，就是希望我們相信一切都很正常，因此已經確保有證據能轉移人們的注意力，保護陰謀不被看見。政府想要我們相信登月真有其事，以及九一一事件是基地組織發動的恐攻——這就是表面上有很多證據指向上述情況的原因。因此，許多陰謀論都被設計得經得起證偽。假如你發現了不利於陰謀的重大證據，這個證據可以立即藉由把它說成陰謀本身的結果被破壞掉。這自然有助於養大陰謀。而打發所有暗示九一一事件為恐怖行動的證據顯然是一項大工程。這肯定是天大的陰謀。

網路上的陰謀論泛濫成災。電腦科學、媒體和社會科學教授（暨前職業籃球運動員）凱特・史塔伯德（Kate Starbird）檢視了災難後陰謀論如何形成。[58]她指出，二〇一三年波士頓馬拉松恐攻之後，社群媒體流傳起其實這是美軍所為的訊息。某學校發生大規模槍擊事件後，類似故事在社群媒體出現，指稱一切都是為政治目的而策劃的。這類資訊串出現——瘋狂的陰謀論——並在每次重大災難後向外傳播。史塔伯德決定更深入研究這個趨勢，並用十個月的時間核對散播美國境內大規模槍擊事件之另類報導的推文。結果證實，這些陰謀論都源於諸如 infowars.com 之類的另類媒體，而且經常是由機器人散布的。陰謀論使用某些暗號（例如假旗〔false flag〕）暗示事件的官方說法是騙人的。史塔伯德引用的一則推文仔細琢磨奧蘭多大規模槍擊事件是否為假旗，最後主張凶手可能與聯邦調查局有關係。

「我們相信我們有很多獨立的資訊來源，但其實它們全都源自有相同政治目的的區區幾個來源。」

史塔伯德發現八十一個傳播陰謀論的相連網站——彷彿精心打造的迴聲室——然後檢視它們之間有什麼共同點。它們無法依據傳統的左右天平加以分類，事實上，它們的共同之處在於全都反對全球化，包括反對知名媒體、移民、科學、政府和歐盟。史塔伯德指出，這些資訊網的構建，正是為了利用我們的認知弱點。假如你從好幾個不同的來源收到相同資訊，這個資訊肯定不會錯吧？這是個合理的反應。在一般情況下，當許多人提出相同的主張，我們就有理由相信該陳述是正確的。前提是每個資訊來源都各自獨立。如果有二十個人告訴你某家餐廳很棒，你有理由相信這家餐廳很棒——只要這二十個人的資訊來源都不是來自餐廳老闆的死黨安娜。這是網際網路設下的另一個認識論陷阱：我們相信我們有很多獨立的資訊來源，但其實它們全都源自有相同政治目的的區區幾個來源。

難道真正的陰謀論不存在嗎？在某種程度上，這得取決於你對陰謀論的定義。世界上顯然有各式各樣的陰謀，尤其是政治陰謀，從這個意義上來說，真實的陰謀論是存在的。各國政府做過的可怕事情和瘋狂的陰謀論可謂不相上下。舉個例子，中央情報局在一九五〇年代執行了一項對人體做痛苦實驗的 MKUltra 計畫，想知道是否有可能控制他們的思想。當史諾登（Edward Snowden）披露美國情報部門試圖監控全球的線上對話，包括梅克爾（Angela Merkel）在內，仍有很多人指出整個故事充滿陰謀論的味道。這類陰謀和瘋狂陰謀論假設的陰謀可能只是程度上有所不同。但純陰謀論在證據方面又更上一層樓：陰謀論者把理論建立在少到不能再少的證據之上，而且總是不成比例地重視這些證據勝過任何反證。再加上直接假設所有反證其實都是陰謀的一部分，導致該理論根本不可能接受測試。這其中有個與邪教思維相通之處：任何認為自己抱持異議的人只是說明了他們什麼都不瞭解。

有個頗具歷史背景的常見陰謀論認為，世界由成功欺騙了普通老百姓的祕密權勢菁英（通常是猶太人）所控制。最為人所知的陰謀論是祕密社團「光明會」（Illuminati）控制了西方各國的政府，該組織的目標是推翻基督教社會，並在理性專制的基礎上建立一個新世界秩序。不難看出，這類陰謀論與當代社會對「菁英」的不信任有關。說來奇怪，川普的支持者常說，他們喜歡川普是因為他非常誠實。他們這話的意思大概是，他「據實以告，不玩文字遊戲」，和菁英不一樣，亦即他說出人們想聽的話——關於移民、犯罪、失業等等。社會上存在一種陰謀論，指控「菁英」（專家、媒體和政治人物）對現實提出了誤導性的描述，並隱瞞了有關重要社會議題的事實。每當談到陰謀論，人是被強大的菁英階層系統性地壓制的想法，大概有某種安慰人心的效果。

誠如前文所述，有一項新調查顯示許多瑞典人不信任媒體，右翼瑞典民主黨的支持者尤甚。這不是巧合。舉例來說，在討論來源批判和媒體時，瑞典民主黨領袖奧克松（Jimmie Åkesson）指出所有媒體都有各自的盤算。他聲稱 Avpixlat 等另類媒體和知名媒體「在這年頭算盤都打得很凶」，從而埋下新聞製作的陰謀論。[59]但問題不只如此。瑞典二〇一五的年的年度「青年動態調查」（Ungdomsbarometern）顯示，有五四％的成年人（二十五至四十九歲）和四六％的年輕人認為，政治人物鮮少或從未表明決定背後真正的動機。它還顯示有六二％的成年人和六四％的年輕人認為，重要的世界事件是在未告知公眾的情況下發生的，而二八％的成年人和一八％的年輕人則認為政府當局監控所有瑞典公民。在瑞典民主黨的支持者中，上述數字都更高。例如瑞典民主黨支持者中有七八％的成年人和六六％的年輕人認為，政治人物鮮少或從未表明決定背後真正的動機。瑞典民主黨選民在世界是否受到祕密社團控制的問題上，也居於民意調查的首位：有一七％的成年人相信，相較之下，樣本中的所有成年人只有七％相信。[60]

當奧克松說媒體有自己的盤算，他不只是在說媒體有某種目標（他們當然有想要達成的目標──譬如一家報紙需要財務上收支打平），他的意思是媒體有明確的政治目標，諸如掩蓋移民在瑞典的相關真相。這種陳述和一九八〇年代起被媒體研究者研究的另一種認知扭曲（**敵意媒體效應**〔hostile media effects〕）有交互關係。在一次訪問中，新聞和政治傳播教授史東貝克（Jesper Strömbäck）將這種扭曲形容為：總是覺得媒體內容有利於敵對方且不利於自己陣營的一種傾向。[61]敵意媒體效應和你對議題投入的程度成正比。不難想見，假如這個傾向存在，只要稍微加油添醋就能讓我們真的相信，媒體有刻意帶入自己的政治盤算，而且刻意避免呈現與之不符的事實。這足以讓民粹主義政治人物挑起民眾對媒體的不信任。

瑞典媒體是否有刻意隱藏關於移民、犯罪統計和其他事情「令人不安的」真相呢？他們是否沒有做到「結果中立」（consequence neutral），亦即他們是否沒有客觀如實地報導而不採用特定角度，也不考慮資訊傳播後可能造成的社會影響？這問題經常被討論，但解決起來沒那麼簡單。有些記者說事實就是如此。[62]其他記者則不表認同，並且聲稱即使媒體對某些議題的處理有待加強，他們並沒有刻意隱藏任何事情。[63]政治學教授艾塞森（Peter Esaiasson）強調重點不只是媒體的作為，公共輿論的呈現也有影響，他的假設是資訊流太過一面倒。他認為瑞典寬大的難民政策向來是一種菁英計畫，不曾獲得多數民眾的支持。[64]

艾塞森強調目前沒有充分的系統性研究能判斷新聞報導結果中立的程度，而後指出資訊流過於一面倒的假設很容易從經驗證明，也應該被測試。不過，其實我們有一些研究可以參考。瑞典媒體研究中心（Institutet för mediestudier）二〇一六年發表了一份相關報告，標題是〈媒體中的移民——你當然不准談論這個？〉（Migrationen i medierna – Men det får en väl inte prata om?）[65]研究人員和新聞記者都對此議題發表了看法。儘管研究指出媒體對如何處理移民確實有疑問，不過沒有任何證據顯示編輯臺對外來移民抱持正面看法。瑞典電視臺（SVT）也做了一項研究，分析六個主要瑞典報紙和TT新聞通訊社（TT news agency）自一九九五年起發表的文章。每年約有一千五百至四千篇關於移民的文章發表，主要是談論移民帶來的不同挑戰。這個數量是很多，還是不太多呢？我們該如何回答才好？

我認為我們可以弄清楚以下幾點：考量到我們的認知扭曲，包括敵意媒體效應，公共輿論千萬不可變得一面倒，而且媒體一定要盡其所能地保持「結果中立」，這些極為重要。否則搞民粹的政客就會有機可乘。一旦逮到機會，他們很容易就能種下重大陰謀論的種子，讓民眾相信媒體是為不利於普通老百姓的陰謀效力。川普什麼都不用做，只要指控知名媒體都是人民的敵人就萬事俱備了。媒體研究中心主任楚德信（Lars

Truedson）也強調這點：「我們現在的社會氛圍讓強大的政治勢力想與媒體作對，因為他們認為這樣能博得同情。」[66]

因此，民粹主義和陰謀論是有關聯的，川普說媒體是人民的敵人和世界由祕密社團所把持的理論也是有關聯的。但川普的指控也依附在另一種不實資訊上——一種有威權國家特色的不實資訊。

不實資訊和威權國家

假新聞的問題之一是，它破壞了人們對正確新聞的信念。如果我們接收的許多細節都是錯誤的，我們到底應該相信什麼呢？我們可以信任任何人嗎？客觀來源真的存在嗎？這種影響不僅眾所皆知，而且與威權國家的宣傳有關：造成困惑，並破壞對理性的信念。目標是讓公民放棄，不再靠自己思考，而是相信他們的領袖。利用人類理性的不實資訊（例如使我們相信專家意見不一致），和以破壞人類理性為目的的不實資訊，是有重大區別的。兩者都事關操縱，但使人失去理智並放棄獨立思考能力的操縱，是最危險的一種操縱。

威權國家當然不是唯一從事宣傳的國家。這裡所說的宣傳是指，為某特定意圖而傳播的錯誤或誤導性資訊。它通常和某個政治目的有關，但根據一般定義，它也可能是出於全然不同的目標，包括商業目的。因此，廣告也是一種宣傳。人們常說資訊從來都不中立。瑞典急難救助署（Swedish Civil Contingencies Agency）關於來源批判的說明寫道：「世上沒有全然中立的資訊——資訊的意圖通常都是以某種方式影響接收者。這意味著所有資訊接收者必須將來源批判『過濾器』用在他們接觸到的一切資訊上。」[67]這樣的機構會強調資訊有影響的意圖，完全在我們的意料之中，不過我們還是應該謹慎對待資訊從不中立的說法。否則，我們有可能破壞宣傳與其他傳播之間的界限。

「威權國家做宣傳的目標是讓公民放棄，不再靠自己思考，而是相信他們的領袖。」

誠如前文所言，語言哲學家通常強調一個話語（utterance）可以包含帶有不同意圖的種種言說動作。假設我聲稱冰箱裡有啤酒。首先，我的目的是說出帶有某些內容的字句（冰箱裡有啤酒），但我如此聲稱也是為了要讓你相信冰箱裡有啤酒，而這是出於把（冰箱裡有啤酒的）知識傳給你的意圖。此外，我想傳達冰箱裡有啤酒的知識背後也有它的原因。也許我要你喝點啤酒，也許我不希望你去商店時又買更多啤酒。後者的目的並沒有包含在宣稱中，而是隨著脈絡變化。因此，哲學家稱它們為「隱而不宣」（ulterior）或外部的目的。我們很難想像有人會在日常生活中發表言論，而不帶有這種外部目的。[68]我到底為什麼要讓你相信冰箱裡有啤酒？然而，言說動作通常具有外部目的這一事實，不代表「中立資訊」就不存在，也不代表一切實際上都是某種宣傳。假如我是發自內心地宣稱一件事，我會讓你相信我所相信的，並讓你相信我的斷言背後有充分理由。任何從事宣傳的人，他們的目的中絕對沒有包含這樣的意圖。一名宣傳者的目的是使接收者相信某個訊息，完全不管訊息是否真實或是否有充分根據。宣傳者不使用論證，宣傳的重點是操縱接收者，最好是用有情緒感染力的字句和畫面。宣傳者的言說動作是一種帶有操縱性的主張，其中的外部目的至關重要。例如讓你投票給某政黨的候選人或購買某公司的洗衣粉。

威權國家的宣傳向來是哲學家研究的主題，其中最著名的一位是德國哲學家漢娜・鄂蘭（Hannah Arendt，一九〇六至一九七五年），年輕時師從有影響力的哲學家海德格（Martin Heidegger）和胡塞爾（Edmund Husserl）。身為猶太人，她被迫逃離德國——起初逃往法國，再逃到美國，然後成為紐約某個重要哲學家和政治思想家團體的一員。

在其名著《極權主義的起源》(*The Origins of Totalitarianism*,一九五一年),鄂蘭檢視了極權國家的狀況,並討論包含謊言作用在內的許多內容。為什麼極權領袖撒謊撒個不停?鄂蘭的解釋是當一名領導者說謊,並要求下屬重覆謊言時,領導者展現了控制下屬的權力:下屬必須放棄他們的節操,展現對領導者的忠誠。下屬於是透過羞愧感及成為同路人,而和領導者被綁在一起。每當史派瑟和康威(幾乎每天)被迫公開重申和捍衛川普的錯誤陳述,他們和川普就更加得休戚與共,顯示他們的無能為力。

鄂蘭表示在威權國家中,謊言的另一個關鍵功能是破壞公民對真相與理性的信念。反覆不斷撒謊的作用不是謊言被接受為真理、真理被貶謫為謊言,而是我們失去了在世界裡自行摸索的能力。充分的理由,可靠的消息來源,符合邏輯的論點——知識和行動必須的要件都消失了。這種現象被稱為「煤氣燈操縱」(gaslighting),命名靈感來自一九三八年的戲劇《煤氣燈》(*Gas Light*)(在一九四四年被翻拍成電影,由英格麗·褒曼〔Ingrid Bergman〕主演)。劇中男子試圖操縱妻子,讓她以為自己發瘋了。藉由對她生活周遭的環境做微小更動,但又讓她相信不是周遭環境發生了變化,而是她弄錯了,先生緩慢但成功地使妻子對自己的理性失去了信心。[69]劇中的關鍵是當他成功操縱她相信,她對房中煤氣燈愈來愈暗的觀察是錯的。誠如我在前文強調的,在日常生活中,感官是重要的知識來源。任何受操縱而認為他們無法信任自己感官的人，都有可能迅速地喪失現實感。

《Teen Vogue》雜誌在二〇一六年十二月刊登了一個迅速流傳開來的有趣分析：川普在二〇一六年大選期間對美國人使用了煤氣燈操縱。[70]競選期間，他自相矛盾，謊話連篇，成功扭曲外界對他的批評，讓情況看起來像是他被抹黑攻擊。媒體困惑不已，他們不知道如何面對川普之於真相毫無底線的關係。記者證實說，他們還以為自己一定是有什麼問題——他們一定是聽錯了什麼，或是誤會了什麼。[71]

「反覆不斷撒謊的作用不是謊言被接受為真理、真理被貶謫為謊言，而是我們失去了在世界裡自行摸索的能力。」

因此，當我們看著錯誤的、毫無根據的言論被散布，我們對白宮現況最憤世嫉俗的解釋是，這是一種走威權國家宣傳路線的精心策畫。傳播錯誤的陳述主要不是為了使民眾相信某個謊言，而是為了使民眾對自己評估真假的能力失去信心，然後乖乖相信領袖說的話。川普今天發了一則推文，隔天否認自己發過那則推文——儘管他的推文還在網路上，每個人都可以看到。一般的騙子不會這麼做——會這樣做的唯有不以謊言為終極目標的人：他們想讓我們對理性和客觀真相起疑。

每當川普受到媒體的質疑時，他也會採取一種威權領袖的態度。美國廣播公司（ＡＢＣ）的繆爾（David Muir）在某次訪問中挑戰川普，要求他針對有數百萬人非法投票給希拉蕊的言論提出證據，但他並沒有承認自己缺乏證據，而是回答說：「讓我告訴你，你知道重要的是什麼嗎？有好幾百萬人同意我說的那番話。」當《時代》雜誌在採訪時對他施壓，他的反應也是一樣：「這個國家相信我。」發言背後的證據不重要，重要的是民眾相不相信他。[72]

不幸的是，他認為國家相信他的這番言論可能是對的。在二〇一七年二月八日做的一項調查顯示，四九％的登記選民相信川普（九〇％的共和黨選民），只有三八％的登記選民相信新聞媒體（九％的共和黨人）。[73]

因此，我們若把川普形容成大騙子或鬼扯王，有可能會錯過一些重點。眼前正在發生的情況可能比我們想像得更加邪惡。耶魯大學哲學教授史坦利（Jason Stanley）表示，川普的目標與威權領袖是一樣的：透過重新定義現實展現他的力量。他有意把美國描繪成一個目無法紀的國家，被黑人和移民拖累，只有強人能拯救這個國家。[74]許多人注意到川普具有威權的天性，包括他以一種獨裁國家特有的方式攻擊司法系統和媒體。二〇一七年二月十七日，川普在推特上發文說，「假媒體」（包括《紐約時報》、CNN和NBC）不是他的敵人，但他們是美國人的敵人。川普先前曾將媒體稱為反對黨，但許多人把川普在二月十七日的發言視為又更進一步的權力展現。揭露水門事件的記者伯恩斯坦（Carl Bernstein）認為川普的發言流露出威權態度，也顯示他不瞭解新聞媒體在民主社會中的作用。[75]史學家史奈德（Timothy Snyder）指出，總統和他的幕僚們積極地想要打破美國人對現實的看法。就像過去法西斯主義者意識到的，川普政府認識到追求政權輪替時，瓦解真相是一項重要的武器。川普稱新聞工作者為「人民的敵人」時，引用的可是史達林的話。史奈德認為後真相（眼前這個時代常被如此描述）等於前法西斯。[76]

因此，在一個威權社會中，最具顛覆性的不是反宣傳（counterpropaganda），而是對證據、客觀真相和事實的堅定信念。我在第二章有提過，這也是後現代否認真理之所以相當危險的原因。這等於讓暴君直接撿到槍。

在《一九八四》中，歐威爾（George Orwell）的主人公溫斯頓在日記中寫道，自由是能說二加二等於四——不是因為這是個有趣的數學事實，而是因為這是個**事實**，是政權無法推翻的客觀事實。被捕後，他被電刑虐待強迫放棄這個基本的事實。刑求者舉起四根手指，問他看到了多少根手指，當他終於難忍痛苦地回答「五根」時，刑求者不相信他：「不，溫斯頓，那沒有用。你在說謊。你的腦袋仍然認為是四根。他痛苦地嘶吼著。「四根！五根！四根！你說幾根就幾根。只要能停止就好，停止痛苦！」目標終於實現。溫斯頓不再在乎真相。鄂蘭也很明白這點。她寫道，暴君害怕真相，因為那是一股他們無法壟斷的力量。[77]《紐約時報》在二〇一七年春季刊載了和蘇聯時代異議分子柳德米拉．艾勒席娃（Lyudmila Alexeyeva）的訪談。她是重要地下報紙《時事紀事》（*Chronicle of Current Events*）的創辦人之一。該報的首要宗旨是不帶感情的報導事實。如果報導有任何錯誤，將在下一期立即被改正。沒有什麼比這更激進了，艾勒席娃說這份報紙的成果不可逆轉，是一種道德重生。[78]

牢記這點很重要。相信客觀真相在威權國家是激進的。任何放棄這種信念的人，形同放棄了對抗教條主義和盲目相信權威的主要手段。誠如我在第二章提到的，這種關係經常被呈現得彷彿反之亦然：對客觀真相的信仰是保守而教條的。這種說法不僅錯誤，而且相當危險。我將在最後兩章回頭談這點。

5

學校的知識和批判性思考

截至目前為止，我闡述了人類的認識（epistemic）弱點，以及不實資訊與宣傳的代理人如何有系統地利用這些弱點。有些弱點內含在知識的本質當中。事實是，我們鮮少對知識有把握——既有證據與真相間幾乎總是存在潛在的落差——這可以被用來滋生毫無根據的懷疑。事實是，人類知識基本上是社會性的，這意味著知識需要信任，而這點可能被有心人士以各種方式利用，舉個例子，知識可以被有關來源出處的不實資訊（像是陰謀論）所破壞。其他弱點則是與我們的心理有關，也就是出於人類本性的各種認知扭曲，這些扭曲又會因為失衡的資訊環境更加惡化。有人說，當前的政治環境正在爆發一場認識危機，而在這樣的環境中，所有弱點都有它的影響，並且以很多不同的方式互動。

我們該怎麼保護自己呢？這將是本章和下一章的重點。我們需要增強批判性思考的能力是常見的觀點之一。有人建議，我們尤其應該注重在學校提供批判性思考的訓練。在某種意義上，這很明顯是正確的建議。我們必須提升對抗各種不實資訊的防禦能力，因此必須強化對接收資訊進行批判性評估的能力——最好從在校念書時做起。可是，釐清什麼是批判性思考非常重要，以及它涉及哪種認知能力。否則，對批判性思考能力的召喚，有可能淪為爭奪現實的另一項武器。

這些告誡在教育的脈絡中尤其重要。過去五十年左右，歐洲各國及美國的校園都非常重視批判性思考能力。不幸的是，長期以來被提倡的批判性思考觀點，其實是建立在哲學上有漏洞，而且不受認知科學與心理學研究支持的假設之上。我將在本章檢視這些假設及其蘊義。我認為批判性思考一直到今天，在很多地方仍被傳授的方式，其實為後真相時代的到來開路，這是再真實不過的危險。我將舉一些來自瑞典學校體系的例子，但我也會概述批判性思考在瑞典構想的方式，是長期以來支配美國和許多歐洲國家教育的那種典型教育理論：建構主義。

瑞典學校體系的衰落

並不很久以前，瑞典學校體系在國際標準及平等方面的平均表現都是世界上數一數二的國家。孰料好景不常。過去幾十年，我們發現瑞典在經濟合作暨發展組織（OECD）的「國際學生能力評量計畫」（PISA）調查和國際教育評估協會（IEA）的「國際數學與科學教育成就趨勢」（TIMSS）調查中，分數雙雙下降。一九九〇年代末期的瑞典在識字、數學和科學水準方面皆有高於OECD平均值的表現，可是此後一路下滑，到了二〇一四年時，瑞典已變成遠低於平均值的國家。瑞典甚至創下閱讀理解力衰退幅度最大的紀錄：從二〇〇〇到二〇一二年，瑞典從五一六分（比美國高十二分）退步到四八三分（比美國低十五分）。在二〇一五年的調查中，可以看到瑞典的識字水準有所進步，再次上升至高於平均，數學方面也小有進展，變成與平均值相當（科學方面則沒看到具有統計學意義的進步）。這可能是近年來實施各種養成計畫的結果，其中包括瑞典有史以來單一學科最大的養成計畫「數學提升」。至於改變是否能持久，還有待觀察。[1]

對在瑞典大學裡工作的人而言，問題最為明顯。從事科學教育者長久以來表示擔憂，認為學生們不再擁有完成大學教育所需的數學基礎知識。[2]很多教育機構引進了補充基礎課程，為學生提供他們過去在高中學習的數學知識。我們這些人文學科教育者則注意到，學生閱讀進階教材愈來愈吃力，而且愈來愈不懂得如何用文字自我表達。二〇一三年《烏普薩拉新報》（*Uppsala Nya Tidning*）報紙刊登了八位史學家對此問題發表的緊急宣言。[3]他們警告說，問題不單單是學生不再具有歷史科需要的先備知識，他們甚至欠缺消化人文學科知識必不可少的工具——語言。學生錯誤詮釋老師口頭授課的資訊，課堂文獻讀得很吃力，而且看不懂考試題目。最重要的是，他們的文字表達有問題：詞彙量很少，對單字的理解淺薄又時常不正確，而且文法能力極為有限。比較文學教授艾芭・魏特—布拉史陀（Ebba Witt-Brattström）接受芬蘭的教職離開瑞典時，對情況的描述也很類似。瑞典學生讀進階教材很吃力，用文字表達自己很吃力，而且聽不懂指令。[4]

很不幸的，這些求救信號完全符合我親身的經驗。過去十五年來，我的主要職責之一是擔任理論哲學的課程協調員，以及監督畢業生的論文寫作。隨著時間一年年過去，我有愈來愈多的指導時間都花在簡單的語言改正上。我說的可不是對語言精雕細琢，以及幫助學生把寫作變得更為學術——我經常在教他們寫出沒有句法錯誤的完整句子，以及正確地使用常見的瑞典單字，頻率高得嚇人。語文能力差到根本無法理解他們想要表達什麼的情況並不罕見。由於人類擁有的多數概念都仰賴語言，特別是學術寫作需要的抽象概念，這也影響到他們的思考。在《烏普薩拉新報》發表文章的史學家們強調，這個問題和以瑞典語為第二語言的人無關，而是關乎土生土長瑞典人以母語自我表達的能力。

我的經驗也是一樣的。以瑞典語為第二語言的人有時說起瑞典語會顯得吃力，可是瑞典語的母語人士也好不到哪去。相反的，以瑞典語為第二語言的人通常更明白自己的語言學挑戰，而且會試圖克服這些挑戰，確保自己正確地使用語言。問題也不光是因為學生的組成如今更混雜，而且上大學的人愈來愈多——即便是就讀外界眼中的貴族學校（而且擁有好成績）的學生也有這些問題。

鼓勵有創意的、具批判性的思考，並培養出能解決問題的人，是瑞典學校體系的主要目標之一。有很長一段時間，瑞典教育體系被認為在這方面至少是成功的——解決問題和獨立思考的能力彌補了基本能力的衰退。很不幸的，沒有證據顯示這是真的。相反的，二〇一四年的PISA調查顯示瑞典學生是北歐國家中最不會解決問題的。在二〇一四年表現持續下滑後，OECD教育司主任施萊歇爾（Andreas Schleicher）拜訪瑞典政府辦公室。他表示，瑞典學生的長處是找出問題，然後學會解決它們，可是他們沒有獲得任何深刻的概念性理解。他們在數學方面也不是特別有創意，因為他們完全不具備能幫助自由思考的基礎知識。他繼續說：「我們刻板印象中認為沒有創意的幾個東亞國家，在這方面的表現要好得多。」[5]

施萊歇爾在這脈絡中發現了非常重要的問題。他說決定一個國家學校體系成功與否的因素，不是（政治人物通常會聚焦的）學校資源或班級的規模，關鍵因素是教室裡發生的事：教學內容。這是國際教育研究人員愈來愈有共識的一個結論。

教育中的建構主義

紐西蘭研究人員哈蒂（John Hattie）展開了極具野心的研究嘗試，試圖根據經驗證據判斷影響學生學業表現的因素。[6]他總共評估並蒐集了八百多項後設分析。後設分析比較許多不同研究的結果，並使用一個共通的標準對效果做定量測量。如此一來，研究者就能比較不同類型的證據。哈蒂投入了一種「後設的後設分析」——綜合來自一萬一千多項研究（涵蓋七百多萬人）的所有後設分析，然後發現證據非常清晰：決定性因素不是班級規模、環境、暑期學校或學校的選擇，**決定性因素是老師的作為**。他聲稱最重要的是「可見（visible）的教學和可見的學習」。可見，意味著老師是投入、積極且飽含學識的——老師要小心翼翼地介入，並為學生提供學習的骨幹。學生需要明確的知識目標、明確的反饋和高度的期望。哈蒂強調可見的老師不一定代表他們的教學是以教師為中心，而是老師應該要投入並加以介入。

「決定性因素不是班級規模、環境、暑期學校或學校的選擇。決定性因素是老師的作為。」

近幾十年來主宰瑞典教育的學習觀點，和哈蒂定義的可見學習完全相反，也就是**建構主義的學習**。這個特定的教育「主義」具體指的是什麼，並不是特別清楚，不過可以看出有三種不同的類型。首先，建構主義可以理解為一種對**知識與事實本質**的哲學主張。在這方面，一個常見的觀念就是，知識是一種建構，因為事實在某種意義上是一種建構——不同的觀點、不同的建構，會產生不同的知識。其次，建構主義可以被理解為一種關於**學習**的論點。在這個脈絡下，個人若要獲取知識，必須在認知上**採取主動**——她得選擇接收的資訊，將資訊組織成一個連貫的結構，再把它們與先驗知識、組織知識整合起來。第三，建構主義可以被理解為對**教學**的主張。這個主張的核心觀念是，知識不該按照傳統的課堂演講方式，由老師被動地轉移給學生。相反的，老師的作用是在學生自己求知的過程中給予支持。老師的角色是指導，不是教導，推廣學生的自行探索。哈蒂反對把建構主義當作一種教學理論。建構主義者主張老師的作用是在盡可能不提供改正性干預的情況下，幫助學生更輕鬆地靠自己獲得知識和創造意義，哈蒂指出這幾乎和教學與學習的成功祕訣恰恰相反。[7]

教育研究者林德羅斯（Jonas Linderoth）在著作《教師再臨》（*Lärarens återkomst*）描述建構主義觀點自一九九〇年代起如何主導瑞典的教育。[8] 林德羅斯提到在教師學院時，他學到，他們「正在擺脫把老師可以傳播知識誤解為教育之特色的黑暗時代」。他們接受的教師訓練認為知識不可傳授，必須靠每個人自己構建。林德羅斯繼續說：「這種新的教學法由質疑學校體系傳統秩序的許多觀念組成。它強調的是學習者主動的教學法、跨學科的論題化、注重一般認知技能和個人化。」。老師的角色是扮演某種指導者——提供資源和工具，可是不會積極干預。老師應該提供刺激、給予支持和從旁指導，而學生應該主動發問，積極探索。教學應該高度個人化，並與學生的日常經驗和理解產生連結。

瑞典教育部教育署（Swedish National Agency for Education）在評論一九九四年課程（我不久後就會再談到）及其強調學生主動求知作為的知識取徑時，對這一切做了很好的總結：

以這個觀點為基礎的詮釋，在國家、地方和學科等層級都被提出，而且獲得廣大迴響，它意味著知識不能被傳播，不能從一個人轉移給另一個人——譬如從老師轉移給學習者。學習需要學習者展現強烈的自動自發，老師則負責創造適合學習的環境。因此，俗稱「以教師為中心」的上一代教學方式，不被認為是有效的學習途徑。事實上，老師的角色需要改變——相較於「傳播」知識，老師應該在學生學習的時候給予「指導」。老師的教學角色於是被弱化為提供支持與指導，促進學生知識發展的責任則逐漸落在學生自己身上。[9]

「知識無法轉移的說法令人震驚。這使人類知識最鮮明的特徵受到質疑：也就是，人類的知識是社會性的，可以在個人與個人之間轉移。」

知識無法轉移的說法令人震驚。這使人類知識最鮮明的特色受到質疑：也就是知識的社會性，可以在人與人之間轉移，一代代不斷地往上積累。這個驚人主張背後的理由依據是什麼？我們將看到，都是一些一觸擊潰的理由。

建構主義教育不只在瑞典扎根。E．D．赫希（E.D. Hirsch）在《知識為何重要：拯救下一代不受失敗的教育理論荼毒》（*Why Knowledge Matters: Rescuing our Children from Failed Educational Theories*）討論了美國和法國的建構主義。[10]他發現建構主義進到美、法和學校表現變差之間存在直接關聯。根據赫希表示，法國的情況尤其值得注意，因為他們創造了他所謂的對照實驗。一九八〇年代初期的法國在國際調查位居榜首，屬於世上最公正的學校體系之一（與瑞典平分秋色），但法國的表現從一九九〇年代開始變差，而且退步得很快。一九九〇年代初期，瑞典實施了幾項重大改革：新課程、新教師培訓（一九九八年）和選擇學校的自由（一九九二年開始）。然而，法國方面只做了一個改變：教學內容。法國自一七九〇年以來，在教學內容上使始終採用同一套觀念。他們希望每一個法國學童都能獲得相同的知識（也就是，一套共同課程），以便團結整個國家，並減少與出身和智力有關的不平等。這個歷史悠久的法國傳統在一九八九年被推翻，教育部長里喬斯潘（Lionel Jospin）提出了最終導致共同課程被放棄的立法。以後，每所學校要根據每個學生的背景和個性調整授課內容。這一切都是因為以社會學家布赫迪厄（Pierre Bourdieu）為首的委員會（還包括哲學家德希達〔Jacques Derrida〕）所寫的一分報告。布赫迪厄批評國家課程過時、不公平，而且排他，委員會並且反對強迫學生學習事實，建議應該讓他們專注於學習技能和批判性思考。一切都是為了正義與平等。

法國每十年會為五年級學生舉辦一次國家考試。一九八七年曾經辦過一次，只比實施改革的一九九〇年早了幾年。下一次評估的一九九七年結果出現了顯著的衰退，類似衰退並持續到再下一次的二〇〇七年評估。最糟糕的是，平等已然崩毀。出身貧困的孩子比來自特權背景的孩子退步更多。老師、教室、預算和其他因素都沒變，唯一的改變是國家共同課程被拋棄，由建構主義教學取而代之。

教育研究者黛西・克里斯托杜洛（Daisy Christodoulou）在《教育的七個迷思》（*Seven Myths about Education*）使用類似推理，斷言英格蘭學校教學的退步是建構主義的教育方法所導致。[11]她指出七個教育迷思，她認為這些迷思構成英格蘭教師培訓的基礎，同時在當局評估英國學校時扮演關鍵的角色。她說這些迷思展現一個根本上不正確且有違當代認知科學的教學理論。這些迷思包括：**事實妨礙理解，教師帶領的指導是被動的，我們應該傳授可轉移的技能，專案和活動是最好的學習方式**。她聲稱這些迷思的共同點是，事實知識被當做和概念性理解、批判性思考、創造性和深刻性相牴觸。相較於老師傳播知識，知識將由師生透過討論和對話共同創造。因此老師們應該退後一步，少說話，不要把答案告訴學生。克里斯托杜洛接著個別討論每個迷思，提出它們實際控制英國教學的證據，然後再拿當代認知研究的證據，明確揭示迷思建立在錯誤的知識及學習理論之上。[12]

另一個與建構主義教育理論緊扣的概念是，學科知識對老師的重要性不如傳統上以為的重要。由於老師的目的是充當知識的指導者，而非傳播者，老師擁有深厚學科知識的重要性被輕視。[13]我在一九八六年親身經歷了學科知識不被視為重要優先的情況。當時的我剛拿到哲學與文學的學士學位。我發現只要到師範學院進修一年，就能獲得哲學和瑞典語的教學資格——於是我認為取得教職資格是明智之舉。接受教師培訓的那一年很難熬。對比我過去修習哲學與文學的學習環境，這裡的學術水準很低，他們迷戀那些不可以質疑的偶像——包括心理學家皮亞傑（Jean Piaget）。更糟糕的是，我好幾次被告知，像我這樣擁有深厚學科知識的人很難成為好老師（我念了比任教資格要求多三個學期的哲學課）。[14]最後我拿到了教師資格，不過也放棄了成為高中教師的想法——開始接受成為理論哲學研究人員的教育。

學校研究和意識形態

無論在瑞典或其他地方，對建構主義的辯論經常充滿情緒。這是很奇怪的事，畢竟哪種教學方法能繳出最佳成果是個實證的問題。林德羅斯也主張受建構主義啟發的教育理論，有一部分是受意識形態信念的驅動。對以教師為中心和老師干預的傳統教學的批評，通常不僅建立在理論根據之上，還建立在傳統教育在道德方面應受譴責的觀念之上。林德羅斯表示辯論的奇怪之處在於，有些教育方法被視為幾乎是有道德缺陷的：

「以老師解釋事物之間的關係，提供指導、傳授知識並做知識測驗為主的教育方式，被連結到精神虐待、不尊重兒童權利和盲目的紀律。」[15]寇恩霍（Per Kornhall，教育研究者和作家）也強調了瑞典建構主義的意識形態本質。據他表示，建構主義教育幾乎徹底滲透了教師培訓和學校政策文件。在師範學院中，學生被告知要忽略一切關於有效學習的實證研究發現，因為它們是錯誤的：「彰顯意識形態而非實證特質的建構主義，仗著它在瑞典擁有的霸權地位，和其他改革一起對教育發展產生了非常不幸的影響。教師知識傳播功能的瓦解，導致教師不再學習對教學很重要的基礎。」[16]

意識形態的面向在公共辯論中往往顯而易見。在瑞典，批評建構主義和捍衛以教師為中心的教學，已成為保守政治觀點和新自由主義的代名詞。國際間的辯論也有類似想法。因此，像克里斯托杜洛這些建構主義的批評者，通常會謹慎地指出不需要做這種政治連結。相反的，他們強調建構主義的問題是傷害了最弱勢的學生，而不是促成一個對所有人都公平的教育環境。林德羅斯在瑞典《每日新聞》提出他的想法後，被指控為新自由主義者，想要重新建立一種與獎懲行為主義連結的極端教學法。林德羅斯強調這樣的連結根本就不存在，並指出有研究顯示在建構主義提倡的工作方法中，資源貧乏的學生是最大輸家。[17]

二〇一四年在哥德堡大學(University of Gothenburg)舉行記者會的研究人員也就PISA結果發表了相同的結論。教育學教授古斯塔夫遜(Jan-Eric Gustafsson)強調,只要把學生的社會背景納入考慮,PISA成績的下降幅度就小多了。某次接受訪問時,他說瑞典以學生為主、專案導向的學習比例,在OECD國家中高居第二。[18]挪威採用瑞典模式後,他們的表現也迅速衰退。根據古斯塔夫遜的說法,個性化教學主要是對資源匱乏的學生造成傷害,也是一九九〇年代中期以來學習表現驟降的主因。他評估了與學生表現有關的多個變因,發現「家中書本的數量」對結果有最大的影響。不管其他因素如何,家裡有超過二百本書的學生表現最好。[19]

當然,我們也許可以討論學校教育的重點是什麼,那是一種**價值觀**的問題,無關乎事實。可是從來沒有人主張學校體系的唯一目的,就是把大量事實塞進學生的腦袋裡。翻開《瑞典學校法》(*Swedish Schools Act*),它說學校體系的教育旨在確保學生獲得知識與建立知識,同時確保他們也獲得與建立諸如尊重人權和基本民主價值的價值觀。這些都是課程強調的重點,另一個重點是學校教育應當促成學生的全方位發展,訓練他們的批判性思考,並幫助他們熟悉複雜的現實。另一個關鍵是無論在國內的哪個角落,學校提供的教育都應該是公平的。然而,擁護與批評建構主義陣營之間的辯論,辯的並不是關於學校宗旨的基本觀念，即使建構主義的擁護者喜歡這樣包裝他們的論點。參與辯論的每個人都同意學校體系的核心功能是培養品學兼優、批判性思考能力，以及建立民主價值。每個人都同意學校必須公平。辯論的重點是怎麼實現這些目標最好——如何讓學生變成思考有創意、具批判性，而且擅長解決問題的人？而這是一個實證的問題——一個事實性的問題——不能單憑意識形態的理由作答。

有明確證據顯示，瑞典學校體系的平等性下降了。[20]哈蒂的研究顯示以學生為中心的教學效果整體而言不太好，我們也不難理解這種教學為什麼對資源最貧乏的學生造成的打擊最大。在建立知識並展開自己的研究前，我們首先就需要知識——既要有該科目的先備知識幫助我們找到有用資訊，還要懂得一種能幫助我們理解和詮釋研究發現的語言。克里斯托杜洛也強調個性化和以學生為中心的學習對最弱者的影響最大，進而強調建構主義一點也不進步。有辦法獨立運作並從事專案導向學習的是有豐富家庭資源的學生，他們同時具備做這種工作所需的知識和語言。[21]赫希還強調法國和瑞典學校體系衰退最令人吃驚的面向，是平等性的巨幅下降。布赫迪厄聲稱傳統的法國學校體系向來不平等，而且使弱者居於劣勢地位，然而真相是它過去一直發揮著相反的效果——國家共同課程起到了齊平的效果。

還有明確證據顯示，建構主義教學方法獲得全球教師的廣泛認可。來自世界各地的老師在OECD二〇一三年做的「教學與學習國際調查」（TALIS）中，針對幾項建構主義準則進行認同度作答，例如「做為老師，我的角色是幫助學生自己探究」，以及「學生靠自己找到問題的解決之道是最有效的學習」。這些國家平均有八三%至九四%的教師同意建構主義準則，顯示建構主義的學習觀點廣受世界各國的採納。[22]

我有兩個孩子接受瑞典義務教育，這些年來，我一直對他們回家作業的難度感到驚訝。他們被要求獨立做「研究」，在沒有相關參考文獻的提示下，尋找有用的資料。（把這形容成研究根本就是一種誤導，因為研究不是尋找已經存在的知識，而是尋找新的知識，這是在個人研究領域累積深厚知識後才可能做的事。）幾年下來，他們學會了如何處理這類作業，也許他們日後會對此心懷感激——但這類作業也需要我和先生的大量參與。其他父母也抗議同樣的問題，他們抱怨閒暇時間很多都花在孩子的家庭作業上。我經常覺得這一定會導致那些家長沒時間、沒機會幫忙的學生處於劣勢。我在一九七〇年代上學時（一所很吵鬧的哥德堡郊區學校），寫作業從來不需要尋求幫助。這不是因為我天資聰穎，而是因為我們有簡單易懂的家庭作業，通常根據教科書設計而來。我們從來不需要做「研究」。我和班上同學的環境背景相差懸殊（例如我家裡有很多書，但許多同學都沒有），可是我們班功課最好的幾個學生，來自非常不一樣的社會背景。不論因果關係如何，有一點清清楚楚：沒有理由相信建構主義對最弱的學生有利，也沒有理由將批評這種「主義」的人貼上保守或不進步的標籤。[23]

我不是教育研究人員，也無意嘗試回答瑞典學校體系衰退的原因。然而，我認為我們必須嚴肅看待實證證據，而哈蒂與其他人彙整的證據，讓我們有充分理由相信教學內容是決定性因素的論點——其證據基礎龐大且有堅強的科學後盾。延續克里斯托杜洛與赫希的立場，我也相信，我們必須以最嚴肅的態度看待當代認知研究和心理學所提供的實證證據——例如關於學習和記憶的問題（這些我稍後再談）。

然而，傷腦筋的不只是瑞典教育研究人員採用了一個有問題的、建構主義的教學法，還有被傳播開來的**知識與事實**建構主義觀點，以及據此觀點對教學法取徑所下的結論。林德羅斯斷言，建構主義的知識觀與建構主義的教學法取徑觀之間，沒有必然的連結。他認為，假如我們接受知識是一種建構，這不一定代表我們也接受教學必須採取學生主動探究的形式，或認為積極的老師是一件壞事。這話說得一點不錯。然而，教育研究人員經常直接把建構主義的知識觀與建構主義教學法連在一起，林德羅斯也指出了這點。這代表對知識本質提出的哲學假設，直接影響了受到擁護的教學法。為了實際說明的需求，我接下來將討論構成一九九四年瑞典國家課程基礎的一份關鍵文件。我們將從文件中看到有關知識本質的哲學觀念如何和教育觀念產生了有問題的互動。這並非瑞典獨有的問題。克里斯托杜洛指出英國的教育辯論也有類似的連結：有關知識本質的哲學觀念，儘管大有問題，卻實際影響了重要的學校政策。

建構主義的知識觀

閱讀知名瑞典教育研究人員（自一九九〇年代起）談論知識的文章，可以觀察到三個中心主旨：

- 實踐知識被吹捧，同時對理論知識採取一種懷疑態度。
- 對理論知識為一種建構的激進觀點加以捍衛，同時批判「客觀主義」的知識理論。
- 事實知識（Factual knowledge）被拿來和理解與批判性思考做對比。

我先討論前兩點——對理論知識的觀點。然後在本章結尾前，討論對理解和批判性思考的觀點。

每當我在本書討論起知識，我的重點始終都是理論知識——也就是 knowledge that（命題知識）——而不是實踐知識或能力。這當然是因為關於知識抗拒的辯論是針對理論知識。這不代表實踐知識不重要。相反的，生活中無處不是實踐知識。傳播實踐知識也是學校體系的主要任務之一——諸如閱讀、寫作和算術等基本能力。這一切都無可爭辯。奇怪的是，瑞典的教育研究者自一九九〇年代初直到今天，一直對理論知識展現極大的懷疑。這樣的懷疑主義支撐著 LPO 94，也就是徹底改寫瑞典教育體系的一九九四年課程。知識的概念首次在課程中被強調，而傳統上認為知識是理論性且建立在書本之上的觀點遭到質疑。儘管瑞典後來（於二〇一一年）採用了一套新課程，LPO 94 和對知識的種種看法，仍在著名教育研究者和政策文件中生生不息。

教育研究者寫於一九九四年課程啟用前的《教育與知識》（*Bildning och kunskap*），明確表達了對理論知識的懷疑。[24]序文清楚指出新課程建立在報告中提出的知識與學習觀點之上。英格麗・卡爾格倫（Ingrid Carlgren，瑞典的著名教育學教授之一，也是斯德哥爾摩教育學院〔Stockholm Institute of Education〕的固定班底）在〈知識與學習〉這一章的導言，描述了這個觀點。該章的內容中，卡爾格倫聲稱在二十世紀出現了對知識的片面看法，根據這種看法，唯有能以文字或公式表達的知識才算知識。卡爾格倫對「知識」（knowledge）與「技能」（skill）的區別提出質疑，然後強調「無聲的知識」（silent knowledge，一種以經驗為基礎的知識，通常未被系統性地闡述，而且無法從書本中獲得）。她還指出，理論知識在那之前一直是主宰者：「受大量理論教育的人被看作專家，而不是有豐富的經驗的人，顯示這種對知識的看法變得多麼強勢。」但知識的概念其實應該擴大，同時納入形式知識和技能，以及教育的社會及實際情況。

這章引進了知識有四種不同類型的觀念：事實、理解、技能和熟悉度。這個觀念是一九九四年課程的核心，也是二〇一一年啟用的現行課程的核心。事實知識被描述為關於資訊的知識，沒有表面知識和深度知識的區別，也沒有對同一現象不同理解方式的區別。理解涉及掌握意義和習得概念。技能是關於 knowledge how（實踐知識），而熟悉度是我們在行動時賴以為基礎的所謂無聲的背景知識，也可以稱為沒有被系統性闡述的背景知識。作者群透過區別這些知識類型，希望防止單方面地化約知識現象，展示知識的多樣性。

誠如前文所述，知識有不同的類型是毫無爭議的。理論知識和實踐知識的區別可追溯到古典時代。學校體系務必致力於傳授實踐知識和理論知識，以及我們必須區別表面的事實知識和真正的理解，都不是什麼新鮮事，即使事實知識和理解之間的差別是有問題的（我很快會回頭談這點）。強調無聲的知識有點奇怪，畢竟這是一種以親身經驗為基礎的知識，是在校外的日常生活中獲得，而不是被教導的東西。然而，報告中最奇怪的是對理論知識的相關描述。

該書第二章開頭強調知識的**建構面**，堅稱知識不是對世界的一種描繪，而是把世界變得可以理解的一種方式。作者區別了知識的三種哲學理論：知識是人類思考的成果，知識是現實的反射，知識是使經驗易於理解的建構。它繼續指出，「關於知識的知識」不僅是哲學的地盤，也是科學界的地盤，而科學界已證明「把知識看作『現實』描寫的觀念，已經愈來愈站不住腳」。他們指出知識會隨時間和空間變化：「今天的知識，不等於過去或未來的知識——而且某個地方的知識，在其他地方不一定是知識。」作者還強調知識的創意面向——知識是一種包含美學與倫理內容的活動。他們聲稱對「客觀主義」知識觀的批評，影響了對知識在學校扮演角色的安排。簡言之：

> 理論知識不是對世界的「描繪」，而是使世界易於掌握和理解的人類建構。就這一點而言，知識是不分真假的——而是可以被辯論和測試的東西。知識是有待商榷

的。為了幫助學生建立這個對知識的看法，課程規定應當賦予每個科目歷史內涵。知識不僅應做為沒有歷史脈絡的現成答案傳授，還應做為在特定脈絡下，以特定方式在特定情勢下出現的答案。

任何哲學家讀了上面這段文字，腦袋肯定一陣暈眩。這段文字包含支離破碎的哲學——半真半假的陳述、誤解和徹頭徹尾的錯誤——而且在沒有提供論證的情況下，被膨脹為毋庸置疑的知識理論，然後堅稱它應該成為瑞典學校內採用的教學方法的基礎。

舉例來說，說知識不分真假是什麼意思？一個堅定的信念唯有為真，才能算是知識。知識又會隨時間和空間變化到什麼地步？變化的是我們的信念和我們的理論，**不是知識**。隨著人類知識的積累和發展，謊言和毫無根據的信念逐漸被真實且有充分根據的信念取代——可是古典時代的知識（例如畢氏定理或蘇格拉底有鬍子）到了今天仍然是知識，在希臘的知識到了瑞典還是知識。[25]狹義上來說，哪些東西**算作**知識會隨時間改變當然沒有錯——譬如我們過去相信地球是宇宙的中心，我們把某個東西**算作**知識，但後來事實證明那不是。[26]因此，我們也許應該特別強調獲得知識有多困難，以及我們犯錯的頻率有多高。但我們幾乎沒有理由徹底改變對知識與學校學習的觀點，也沒有任何根據推論知識之中不包含真相。

文章有幾次提起理解與事實的關係，還有這關係之於知識的角色。作者寫道，理解與事實彼此緊密連結，畢竟理解決定了我們會看見或感知到哪些「事實」。作者認為基於這個原因，世上沒有「純粹的」事實，然後指出因紐特人（the Inuit）有大量用來形容雪的單字，所以他們對雪有比我們更細微的感知。這看起來是我在第二章批評過的概念——因為知識需要用語，而所有用語都是人類建構，所以客觀知識不存在。我們現在知道這個推理為什麼不成立：即便我們承認用語真有人類建構的任何成分（這點並不顯而易見），也不代表事實是由人類建構的。我們以自己的用語分類物品，歸納物品的特徵，但我們無權決定這些物品是否真的擁有這些特徵。鯨魚是哺乳類而鯊魚不是的事實，絕對不是人類建構。而且因紐特人的語言相較其他語言擁有大量形容雪的單字是個迷思，誠如我之前提到的，這類詞彙的差異對人如何感知世界具有決定性影響，向來就是個迷思。[27]

「古典時代的知識今天仍然是知識，在希臘的知識到了瑞典還是知識。」

哲學理所當然會辯論人類應該如何理解**自我感官**與世界之間的關係。我們的感官專屬於我們，而且我們知道其他動物對顏色和氣味的感知與我們不同。我在第二章提過，哲學家有時會討論顏色是否能被客觀地看作世界的既有特徵，以及它們有多少必然的主觀成分。有些人主張理解顏色應該根據顏色的物理屬性（反射特性和波長），其他人則認為必須根據我們和顏色的關係，以及我們如何看待顏色。這類哲學辯論相當引人入勝，不過它不需要拋棄世界有客觀知識的概念，也不需要把對事實和現實的任何討論都加上懷疑的引號。最重要的是，這絕對不是學校體系重構整個教學方法的正當理由。

同樣的，克里斯托杜洛指出，教育研究者捍衛的教育理論明確地建立在知識帶有「建構主義」本質的激進假設上。她討論的七個迷思之一是「傳授知識等於灌輸（indoctrination＊）」。她認為這個迷思有一部分源於擔心決定傳授哪些事實，挑選課程中的知識，必然是一種帶有政治偏見的作為。不過，她認為這也是源於一個更激進的觀念，認為所有事實都是社會建構，世界上沒有客觀存在的事實。她指出這種觀念的結果

＊譯注：在教育學的脈絡中可理解為：在不對等的權力關係中，強者（教師）以單向、不容討論的權威傳遞某些信念或看法，不讓聽眾（學生）有機會從事其他教條、信仰與教導內容的比較批判，意圖使聽眾（學生）在不理會證據的情況下接受其看法，而完全排除其他可能與其相左的看法。

就是傳授事實永遠不會是一種中立的活動，而是變得「與權力、權威和社會階級的問題密不可分」，教育學家將這種觀念應用到課程上。[28]在舉例使用這類推論的人時，她提到了對英國課程影響相當深遠的理論家凱利（Vic Kelly）。凱利主張人類知識有個傳統哲學沒意識到的「問題本質」（problematic nature）。[29]他寫道，知識不是客觀的，而是與時代和文化緊密交織的社會建構。知識不是普世的，而追尋確定性基本上是一條歧路；任何關於客觀性和普世性的主張，不過是一種權力的展現。基於上述種種，任何強加的知識都是不民主的，因為它是一種與自由民主社會不相容的社會控制。[30]凱利明確地連結起事實建構主義和建構主義的教學方法。他主張知識只會來自孩子的自身經驗，因此我們不該強迫孩子學習我們的知識：「我們不能把我們認為的知識強加給孩子；我們必須協助他們發展自己的知識、自己的假設，假如演化的過程還會繼續，他們的知識和假設都將與我們的有所不同。」[31]凱利還支持後現代主義對規劃和組織課程的廣泛影響：「因為它破壞了任何人可能為主張某『知識』體系、學科等等理當被包含在義務課程所提出的任何理論。」。

克里斯托杜洛在她書中的導論寫道，假如得提出一個撐起了全部七個迷思的思想潮流，她會說是後現代主義，而不是進步主義：「後現代主義懷疑真理與知識的價值，而這些迷思有很多都從根本上對知識價值抱有深層懷疑。」。我覺得這番話有一些道理，但我會提出稍有不同的重點。進步主義比較早出現，遠早於後現代主義登臺亮相之前，而建構主義做為一種教學方法，可以看作是當代版的進步主義教學理論。然而，事實與知識的後現代主義概念，和建構主義教學理論串通一氣。該理論背後的一個中心思想是引導式學習很糟糕，因為它過於威權——實際上形同把內容強加到被動的學生身上（「填充空容器」*），而不鼓勵他們培養獨立思考能力。[32]當後現代主義在一九八〇年代進到學院時，它為以下動機提供了一個有用的解釋：引導式教學和事實知識傳播是一種權力的展現，絕非傳遞有關世界知識的中立行為，因此即便引導式教學在學習成果方面效果較佳，還是應該予以譴責。

瑞典在二〇一一年採用了一套新課程，這有一部分是對一九九四年課程和國際評量（如PISA和TIMSS）成績下降的回應。[33]新課程雖然重新引入了一定數量的規定科目內容，一九九四年課程的核心觀念依舊健在：特別是事實知識與一般技能之間的對比。教師培訓幾乎沒什麼改變。教師培訓使用的主要教科書重點在於支撐起一九

*譯注：巴西教育家弗雷勒（Paul Freire）在《受壓迫者教育學》提到，「教育，所罹患的是一種『講述症』」，意指教育者面對學生時多半採取教師講、學生聽的「講述法」，使學生成了負責填裝知識而毋須思考辯證的「容器」。

九四年課程的那種知識「哲學」。譬如頗具影響力且教科書仍被廣泛使用的教育家薩爾霍（Roger Säljö）捍衛一種社會建構主義，在這個社會建構主義中，知識不描繪現實，從來不中立，而不過是一種觀點問題。[34]他主張世界上沒有現成的「事實」能傳授，而且老師不能傳遞給學生任何東西，這意味著教學應該是問題導向的、專案導向的。這些觀念已被瑞典師培課程傳授了好幾個世代，而且至今仍繼續傳授。

一個民主的知識觀點

關於教育理論知識的許多言論背後都有良善立意，不只是在質疑盲目的紀律，而是想建立一個平等且民主的學校體系。就像法國一九八九年的大規模改革是受到抵抗壓迫與增進平等的渴望所驅動，驅動瑞典教育家從事理論說明的是對正義和平等的考量。譬如他們非常擔心理論知識的「霸權」（supremacy），同時渴望提倡實踐知識與無聲知識，畢竟人們在日常生活中會獲得這些知識。他們還聲稱這麼做的重點是採用一個民主的知識見解，並澄清沒有哪種知識比其他任何知識「更好」。舉例來說，哲學教育教授古斯塔法遜（Bernt Gustavsson）主張一個民主的知識社會必須質疑理論知識建立在犧牲實踐知識之上的的優越地位：「實踐知識長期以來處於劣勢，而且對理論知識的關注愈來愈多，導致與人有關的知識和核心知識被拋棄。」

我們重視理論知識多過實踐知識嗎？這問題很難回答，因為理論知識和實踐知識通常會和彼此互動。外科醫生有很多理論知識（例如他們對器官的結構及其功能有詳盡認識），但他們也有很多實踐知識（譬如他們可以精準地下刀而不傷及重要組織等等）——執行長、老師、律師、程式設計師、木匠和麵包師傅也是如此。當然，學歷與薪水之間有關係，而教育與政治權力之間也可能有關係（即使這年頭的政治人物並不總是拿得出學歷）。姑且假設理論知識確實更受社會重視，這對學校有什麼影響？我們可以合理地假設，這應該會保證每個人都有獲得理論知識並繼續接受高等教育的同等機會。我贊同對不同知識應該一視同仁，以及嚴肅地看待每個人的經驗。但我認為此處的關鍵民主問題，不是保證所有類型的知識受到同等的重視，而是保證每個人都有獲得現代社會所需的理論知識的機會。

我們還應該記住，理論知識在社會中扮演關鍵角色是有原因的。參與一個民主國家所需的知識很多都是理論知識：有關經濟、稅收、健保、環境等方面的知識。任何缺乏這些知識的人，都可能在社會中淪為無能為力的人，因而被散布錯誤陳述的煽動者欺騙。理論知識對擁有政治權力的人也至關重要：如果不具備相關領域的大量理論知識，不可能為稅收、環境、犯罪、健保等領域設計出有用的政策。川普擔任總統最教人不敢領教的一件事是，他握有大權，可是（如今看來）理論知識非常有限。他不瞭解歷史，包括美國及美國總統的歷史。舉個例子，他聲稱安德魯．傑克遜（Andrew Jackson）對美國內戰感到非常生氣（儘管傑克遜早在內戰爆發前十六年就已作古），而且他對於林肯是共和黨人感到驚訝。川普對世界政治的認識也乏善可陳，即便他現在有非常迫切的需求得學習這些知識。譬如在二〇一六年夏天的某次電視訪問上，川普聲稱普丁不會出兵烏克蘭（但俄羅斯早在二〇一四年春天就派兵攻打烏克蘭了）。還有他在開始廢除歐巴馬健保的程序之後，驚呼沒有人能料到健保問題竟然這麼複雜。

不論我們的意願如何，理論知識在人類社會都占有特殊地位。一個真正民主的知識社會，是人人都能得到公平教育的社會，而且一個人獲得理論知識的能力不受家中的書本數量決定。稍後我們將看到，提出這個結論還有另一個原因。我們希望每個學生從學校教育帶走的諸多能力（思考時保持批判性，做個有創意善於溝通的人）對民主的運作至關重要，不能與理論知識區分開來。建構主義對一般技能的著重，建立在被現代認知研究（與哲學）證明為不正確的假設之上。

理解和批判性思考

一九九四年課程提出了知識有四種類型的觀念：事實、理解、技能和熟悉度。這個觀念依然存在二〇一一年的課程裡，並在瑞典教育家撰寫的多數研究中發揮重要影響。他們強調理解的重要性，貶低事實知識的重要性。他們聲稱事實知識可能流於表面，理解則比較深層。因此教學應該確保學生達成理解，而不只是擁有喋喋不休地背誦事實知識的能力。

這聽起來不錯，但值得探討的問題是，事實知識與理解在實際上是什麼關係。一個人顯然可能擁有相當表面的事實知識，而不太理解其含義。我可以知道水的化學成分為H_2O，而不真正理解這是什麼意思。我可能對化學沒有太多理解，但卻背下了整個元素週期表。我可以在不理解歐盟是什麼的情況下，滔滔不絕地背出所有歐盟成員國，諸如此類。然而，假如不具備事實知識，我不可能理解任何事情。為了理解元素週期表，我需要什麼？更多的事實知識。我需要知道，這些元素的劃分是根據原子序的增加，也是依據其化學與物理性質，還有電子在電子殼層的構成為基礎。為了理解歐盟，我需要什麼？我需要關於歐盟的起源、憲法、法律等大量事實知識。舉例來說，我必須知道歐盟理事會由歐盟成員國的部長組成，並且和歐洲議會一起構成歐盟最重要的決策機構。

哲學界目前正在辯論理論知識和理解間的確切關係。有人主張理解單純是一種事實知識，有人主張理解不單單包含一般的理論知識。例如有些人把理解當作一種模式洞察力（pattern perception）——看見關係的能力。我傾向贊同把理解看作一種豐富的事實知識，這些知識還包括對不同陳述間的關係有所掌握，但我沒打算在這裡對此議題表示立場。我想強調的是事實知識與理解之間沒有矛盾——相反的，扎實的事實知識對理解必不可少。

如上所述，教育研究人員在發表於 LPO 94 實施前的報告中，談論了事實與理解之間的關係。[35]他們接受事實與理解彼此密不可分。但他們不認為事實知識是理解的前提，反而提出倒過來的觀念：他們寫道，理解決定了我們可以感知到哪些「事實」，「因此，我們不能說事實是理解的先決條件，或具有比理解更為根本的本質。」。他們這麼說的原因似乎和理解與概念被綁在一起的方式有關，以及概念知識無法被簡化為事實知識。

這又是一段由半真半假的陳述和徹頭徹尾的誤解混合而成的內容。世界的樣貌為何，以及哪些事實存在，並不是由我們的理解來決定。然而，確定無誤的是，（誠如我提到的）為了能夠理解世界的樣貌，並擁有世界樣貌的相關知識，我們必定得擁有用語和概念。同樣確定無誤的是，由於所有理論知識都預設我們擁有某些概念，概念知識不能被**簡化**為事實知識。我可以透過得知某個概念的定義（「**選舉人**是一個被間接選出參加選舉的人，例如總統選舉（包括美國）」），認識那個概念的意思，可是為了理解定義，我肯定得先具備一系列其他概念。[36]基於這個原因，哲學家通常主張概念知識是實踐知識的一種——它的重點是學會如何**使用**一個概念。使用一個概念又意味著你的腦袋出現了包含那個概念的想法——例如你抱持某些信念。如果我相信美國人民沒有直接選舉權，而是逐州選出選舉人，這些選舉人原則上可以投票給自己喜歡的任何候選人，實際上卻是投票給在該州獲得最多普選票的候選人，我就使用了**選舉人**這個概念。[37]這就是概念知識與理論知識緊密相連的原因——即使概念知識本身不是一種理論知識，它以對事實知識的概念性理解為前提。

這裡可以把研究閱讀和理解能力做個有趣的連結。人們經常認為閱讀理解能力是一項不拘泥於特定文本的一般技能，而該技能的程度高低取決於對複雜句子的處理能力。然而，許多實驗證明事實並非如此，閱讀理解能力與你所具備的文本主題相關知識密不可分。如果文本是關於眾所皆知的主題（譬如學生非常熟悉的一項運動），本來有閱讀困難的人會突然變得厲害許多，而擅長閱讀的人會因為主題不熟悉而變得吃力。[38]因此理解報紙上的文字，需要對文章涉及主題有足夠的知識——有關社會、政治、文化和自然。理解文意需要事實知識。因此，閱讀理解能力的衰退和學校體系不如以往注重事實知識的時間相符並不意外。理解和理論知識密不可分的另一個原因和記憶能力有關。在指出七個教育迷思時，克里斯托杜洛特別強調第一個迷思，因為她認為那是其他迷思的基礎：**事實妨礙理解**。根據克里斯托杜洛表示這個迷思的問題出在，認知研究顯示事實知識與理解之間的矛盾基本上是錯的。

心理學家和認知研究者區分工作記憶和長期記憶。工作記憶與意識認知有關——我們有意識地用意識認知進行思考和推理。不幸的是，工作記憶非常有限，而且很容易超載。研究顯示人的意識同一時間能保留的事相當有限，數量在四到七件之間。譬如若要進行棘手的乘法算數（像是七六×九），可以透過逐步相乘並在記憶中保留不同的數字（七〇×九＝六三〇，再加上六×九＝五四，然後六三〇＋五四＝六八四）。長期記憶則完全沒有這些問題。它可以保留數量龐大的資訊，並在需要時活化那些資訊，然後放到工作記憶中用來解決各種問題。因此，若想要擁有好的問題解決能力，必須把相關資訊保存在長期記憶中。舉例來說，進行棘手的乘法算數時，你肯定是記住了乘法表及其規則，就好像你需要記住字母和寫作規則才能讀寫。類似的，任何記住歷史事實的人

（譬如納粹崛起的方式和時間）都可以理解和推斷歷史發展的相關問題。任何記住元素週期表結構之事實的人都可以理解和推斷化學反應的相關問題。在必要時嘗試 Google 一些資訊（教育學家經常視之為好的解決方案加以推廣）無濟於事，因為這會增加工作記憶的負擔。認知研究者威靈漢（Dan Willingham）總結：

> 過去三十年的數據帶出了一個在科學上無可挑戰的結論：好的思考需要知道事實，這不只是因為你需要一些內容以供思考。教師們最關心的那些過程（例如推論和問題解決之類的批判性思考過程）與儲存在長期記憶中的事實知識緊密交織（只是臨時從環境中找來是不行的）。

「研究已顯示批判思考的能力需要事實知識。」

因此，批判性思考並不是（如教育家經常假設的）一種能在不同學科之間轉移的「通用型」能力或一般能力。相反的，它完全取決於良好的學科知識（就像閱讀理解能力不是一種通用型技能）。[39]這對傳授批判性思考構成了一大挑戰。威靈漢在他的文章

〈批判性思考：為什麼這麼難教？〉（Critical Thinking. Why is it so Hard to Teach?）中主張，批判性思考之所以很難教，恰恰是因為批判性思考需要領域特定知識才能有效發揮。[40]換句話說，在一門學科中從事批判性思考（歷史、化學、社會科學）需要該學科的事實知識。威靈漢認為傳授一些幫助批判性思考的策略是可能的，但學生若要能夠在不同脈絡中有效使用這些策略，既需要深入學習該策略，還需要擁有相關的背景知識。例如學生可能學到批判性思考必須注意細微差別，應該從不同的觀點去思考問題，但要看得出細微差別，學生必須先擁有足夠的學科知識。

我們毋須求助認知科學就能理解，批判性思考與事實知識之間肯定有連結。就拿哲學來說吧，批判性思考的核心之一是評估論點的能力——判斷論點的好壞程度。哲學家自古典時代以來一直在做這件事。我們可以從兩個方面評估論點：論點**有效**嗎？**妥當**嗎？論點的有效性要看前提（論點的依據）是否真的支持結論。有時，我們講論點的**相關性**，而不談有效性。有些論點有效只是因為它的邏輯。下面是典型的例子：

前提一：凡人終將一死

前提二：蘇格拉底是人

結論：蘇格拉底會死

我們很容易看出，根據前提一和二必定會得到這個結論：如果前提為真，則結論必定為真。該論點有效是因為邏輯，這意味著你可以隨便說話，但還是提出了一個有效的論點。

前提一：是人都會飛
前提二：蘇格拉底是人
結論：蘇格拉底會飛

這個結論又是必然的結果。然而，這不像是個實際的論點。為什麼？問題出在前提一是錯的。人類會飛和事實相差十萬八千里。以錯誤前提為依據的論點是站不住腳的，也就是不妥當的。這不是個好的論點，即便它是有效的，即便結論確實從預設的前提得來。

這個簡單明瞭的練習立刻讓我們看到，若要評估論點，我們得先掌握事實知識。的確，為了判斷論點的邏輯有效性，知道一些基本邏輯可能就足夠了，但為了確定論點的妥當性，我需要知道人不會飛。我可以練習邏輯能力，成為辨識符合邏輯的結論的專家，但只要不具備判斷前提真假所需的事實知識，我仍然無法評估一個論點的好壞。

這不是說，學會辨識邏輯上有效的結論是個壞主意。舉例來說，知道下面這個結論**不是**有效的結論，而是個思考陷阱，絕對是好事一樁。

前提一：凡人終將一死
前提二：蘇格拉底會死
結論：蘇格拉底是人

這個思考陷阱被稱為**肯定後件**（affirming the consequent），無論在任何情況下都是無效的。如果你把蘇格拉底想成一隻狗就很容易看穿陷阱。也就是說，兩個前提都是正確的，但結論顯然是錯誤的。因此，為了加強批判性思考，學一些基本邏輯可能非常有用。然而，這通常還不足以讓你能評估一個論點——評估論點還需要事實知識。

有些結論不是因為邏輯而有效，而是前提使該結論顯得合理或可能——這代表需要事實知識才能確定論點的有效性。事實是，我們在日常生活中依賴的論點大多屬於這一類。假設我女兒認為她應該成為純素主義者，因為純素主義比較長壽。她對我提出以下論點：

前提一：純素主義者不吃動物性產品

前提二：動物性產品會造成心血管疾病

結論：純素主義者比吃肉的人更長壽

顯然，這兩個前提不保證結論成立。純素主義者可能因為攝入的蛋白質和鐵質不足，一點也沒有比較健康，也就是說他們有營養不足的風險。但這兩個前提仍然使結論顯得合理——它們無疑與結論十分相關。但為了確定前提支持結論，我手邊必須有某些事實知識。例如我需要知道心血管疾病是全球人口的死亡主因。假如前提確實為真，這就是一個很好的論點，而我也必須認真看待它，即使這個問題還有待解決（例如我想看看營養不良相關疾病的統計數據）。

假如我們檢視一個無效論點，背景知識對評估論點有效性或合理性必不可少的事實就會更顯而易見。假設我的女兒主張她將成為純素主義者，因為純素主義者更快樂，然後她提出：

前提一：印度多數人是純素主義者
前提二：印度的人比較快樂
結論：成為純素主義者使人快樂

我不會認為這是個很好的論點。我知道**印度的人比較快樂**可能有各式各樣的原因（如果我們接受前提二為真），這種幸福不太可能與他們的飲食有關（因為飲食一般而言不會直接影響人的幸福）。即使這兩個前提是正確的，它們都與結論完全無關。我知道這些是因為我的背景知識——不是因為我有邏輯基礎。

傳授一些適用於批判性思考的整體策略是可能的。我們不單要學習基本邏輯以避免邏輯錯誤，還要訓練自己避開許多其他的思考陷阱（我將在下一章繼續討論這點）。但我們評估論點的能力，永遠都取決於我們擁有的事實知識。以同樣的方式認識科學方法論的特點是可能，在某種程度上，這可以防止偽科學和陰謀論（這點我稍後也會再次談到）。然而，若要評估用來支持理論的證據，我們務必具備事實知識。批判性思考可以教，但不是當作一般技能來教——它一定要和事實知識的教學搭配。

我們因而有很好的理由質疑各種建構主義：知識不過是一種建構的哲學假設是說不過去的。當代認知科學（和哲學）證偽了沒有扎實的事實知識也可以學習批判性思考和解決問題的心理學假設，大量的實證研究反駁了個性化和專案導向教學效果最佳的教育理論，好幾個國家的學校在採用建構主義法後的表現趨勢也傳達了清晰又駭人的訊息。這種教育「主義」甚至可能該為目前美國、英國、法國和瑞典的民粹主義崛起擔負一定的責任——教學一旦被個性化，而且規定學科內容被減到最少，結果就是對於現實的共同看法的瓦解，以及兩極化的發展。人們被按照繼承的文化資本進行分類，這又導致我們不再能參與正常民主政體所需的理性對話。有些人說ＰＩＳＡ調查的問題在於，它們僅關注學校的知識相關功能，而忽略了學校的民主功能。這是個錯誤的反駁。學校履行民主功能最好的辦法，就是專注學校的知識相關功能。

6

我們能做什麼？

完美風暴

我們現在面對的是前所未見的現象，抑或只是個披著一身後真相華麗新衣的舊現象？這個用語有點含混，其字面意思不知所云。時間不可能「後真相」，因為真相永遠與我們同在，無論我們喜不喜歡。當《牛津英文字典》宣布「後真相」為二〇一六年的年度代表字，它所提出的定義是「訴諸情感及個人信念比陳述客觀事實更能影響輿論的情況」。從這個定義來看，後真相絕不是一個新的現象。事實上，有哪個時代在這層意義上不是後真相的時代？

即便如此，我相信「後真相」這個用語有一定的功能，畢竟它使人們注意到我們當前的困境。[1]而我確實認為我們正面臨全新且非常危險的處境，儘管其中的個別元素都很熟悉。自有人類以來，我們就有種種認知扭曲：它們是人的條件（human condition）的一部分。歷史上出現過多次政治兩極化和民粹主義的時期。謊言和宣傳也不是什麼新鮮事，而且對理性論點和科學的信念過去就被挑戰過。不同於以往的是，這些元素目前正相互交流並強化彼此，這大抵是新的傳播科技所致。[2]事實上，我們可能正在對付一場完美風暴。也就是，個別來看不會造成大災難的種種元素完美地結合，導致問題迅速惡化。

經濟和文化的兩極化、認知扭曲、使不實資訊光速散布的碎片化媒體情境、民粹主義者對事實知識和專業的質疑——這一切同時發生，創造了我們所知的後真相年代。這樣錯綜複雜的情況，一時間看不到明確的解決之道。

不過倘若這確實是一場完美風暴，我們還有一點希望：這也許代表，要是我們破壞其中一個或多個元素，有可能讓風暴稍微趨緩。長遠來看，社會真正需要的是透過政治改革解決經濟不平等和福利制度失靈之類的問題。不過，為了使必要的政治變革能夠發生，我們非得確保民主制度不受到任何傷害，而這就需要增強我們對知識敵人的防禦。[3]我在這點上是樂觀的。我相信很多人都看出了危險，而且想試著為此做些什麼。記者討論怎麼做新聞工作才能將知識抗拒減至最小，同時抵抗不實資訊；監管臉書和Google等科技巨頭的法案正在被討論；世界各地都有民眾起身反對極端主義與不實資訊的傳播。身為哲學家，我認為專注思考是我的任務。我們該怎麼（在私領域和公領域）精進思考，避免被我們的認知扭曲控制，進而獲取知識？在這最後的章節，我將透過討論四個關鍵因素來處理這些問題：批判性思考、來源批判、專家的角色，以及如何做事實查核與進行辯論。說明我們保護自己免受知識敵人傷害所需的基本概念，諸如知識、充分理由、懷疑、信念、事實、謊言和真理等，也是哲學家的重要任務。我希望本書的一到五章有發揮這個功能。民主眼前的危機不只是一場真理的危機，可是任何人想拆民主的臺，一定得對付真理。

我們能對思考本身做什麼呢？我在前文提過，我們沒辦法直接控制自己的信念。以此類推，我們對自己的信念也沒有直接責任。我無法自作主張相信希拉蕊是美國總統，就算有人砸大錢要我這麼做。簡言之，信念不是行動——不是我們主動去做的事，而是「從天而降」的心理狀態。不過，它們可不是隨隨便便的心理狀態：信念的特點正是它在理論（與實踐）思考中的特定作用。信念（通常）是源自充分理由：信念（通常）會產生其他連帶成立的信念，但如果充分理由被破壞或是莫名的擊敗了，信念（通常）就會消失。這代表儘管我們無法直接控制自己的信念，還是握有對信念的間接控制：像是透過尋找有憑有據的資訊，以及嚴格評估信念的基礎。閱讀、聆聽、觀察、爭論和反思都是我們可以控制的動作。即使我們對個人信念沒有直接責任，至少還是有間接責任——我們有責任吸收相關資訊，反思信念可靠的程度。這對個人很重要，在和他人交談時也很重要。

接下來我先談批判性思考。誠如我在第五章強調的，知識與批判性思考能力之間有密切的關係。因此，在批判性思考方面，我們最該做的是以各種方式確保自己獲得某個領域（例如關於社會議題）的基礎必要知識，但關於批判地思考是指什麼，還有幾個比較普遍的看法。

批判地思考

有人說批判性思考的內涵一言難盡，其實它非常簡潔明瞭——至少描述批判性思考的核心功能並不困難。批判性思考旨在回答一個具體問題：我們是否有充分理由相信某件事？批判性思考是藉由評估一個陳述的根據來判斷其真相。批判性思考不等於凡事都要批判，拒絕相信我們遇到的多數事情（這對獲取知識來說是非常糟糕的一個方法），也不是用批判的態度對待**他人**，而是著重評估**各種陳述**的依據。當然，一旦討論起這當中的含義，以及我們該怎麼做，事情就複雜起來了。但其實是有一些基本規則的。

首先，你應該瞭解如何評估一個論點。在第五章中，我強調要考慮兩件事：論點是否建立在真實且有效的前提之上？我還說要提防一些思考陷阱。這些陷阱會化作不同的樣子。邏輯思考陷阱誘使我們相信一個論點在邏輯上是有效的，即使事實並非如此。我在第五章提到的陷阱就是個例子：肯定後件。以人類終將一死、鮑比終將一死為前提，並不能因而推論鮑比是人類，因為還有其他生物也是如此。如果研究邏輯，你會練就分辨論點在邏輯上成立或不成立的技能。由於邏輯只看論點的**形式**（如果A成立則B成立；A成立，所以B也必定成立），你得到一個可以用在各式各樣陳述上的技能。因此，掌握一些基本邏輯是很有用的。

但思考陷阱不只一種。我在第三章提過，我們必須把相關性和因果關係區分開來。冰淇淋食用量大與意外溺水間相關的事實，不表示吃冰淇淋使人溺水。因果關係存在其他的地方：好天氣讓人想吃冰淇淋和游泳。這似乎顯而易見。沒有人會基於兩個現象之間存在相關而推論吃冰淇淋使人溺水。不過，一旦問題變得更複雜、更具煽動性，我們可能一不小心就會犯錯。移民與犯罪數量之間、勞工市場計畫與失業數據之間、某種飲食法與減重之間、養狗人士與壽命之間等等，可能都存在相關。有些例子展現出系統性的相關，也就是說，有理由懷疑當中存在因果關係。然而，在確定這點之前，有必要從事進一步調查，以排除系統性相關是某個共同潛在因素的結果。有鑒於在複雜的情況下（尤其是難以執行控制實驗的社會問題時）可能有很多潛在因素，我們往往很難確定因果關係是否真的存在。

另一個與當前辯論氣氛息息相關的思考陷阱，是所謂的**人身攻擊**（*ad hominem*）論點。犯下人身攻擊的錯誤，就是把人而非論點當作攻擊的對象。假設我認為你應該開始上健身房，我注意到你總是疲憊不堪，認為規律的健身會讓你更有體力。我的論點是好的：它建立在一個真的前提之上（規律健身確實會提升體力），並且是有效的（這個前提支持了你應該規律健身的結論）。然而，你對我的建議不予理會，理由是我個人沒有規律地健身。你這樣的反對是有問題的，因為我的健身習慣與論點完全無關。我老是嘮叨著要你上健身房，但自己卻不健身，也許是件很討人厭的事，不過從評估論點的角度來看，這個事實一點也不重要。

人身攻擊很常見。做出這樣的回應絕對是人之常情。當川普主張應該廢除遺產稅，我們很難不注意到，他的家人會是從這個改變獲得財務利益的一小群人。我們因而質疑他的動機，而且這樣做大概也有充分理由——川普贊成降低遺產稅或許不是因為他認為這對經濟有利，而恰恰就是為了讓他的家人受益。然而，在評估他的論點時，這種質疑動機的做法是沒意義的。假如廢除遺產稅有充分的經濟理由，遺產稅就應該廢除——即使這麼做剛好對川普有利。[4]

「藉由質疑提出論點之人的動機挑戰某個論點，永遠都是錯的。」

在某些情況下，論點由誰提出確實重要。情況之一是當論點的前提涉及個人事實。假設我說，我明天會準時出席會議因為我這個人很守時，而你指出我幾乎從沒準時出現，你的反對很有意義，因為它質疑的是我是守時的人這個前提的真相。如果論點挑戰的是我的專業也有意義。假設我主張用天竺葵園藝土種玫瑰大概和其他土壤一樣好，指出我對園藝一竅不通就是有意義的反對。藉由挑戰我的專業，你有理由質疑天竺葵園藝土對玫瑰好的前提。然而，論點由誰提出偶爾重要，不代表人身攻擊的論點偶爾合理。個人元素唯有和評估前提的真相有關時才重要。藉由質疑提出論點之人的動機挑戰某個論點，永遠都是錯的——然而，如果有理由相信陳述背後帶有隱藏的動機，當然就有理由特別謹慎地評估論點。隱藏動機一般而言會導致扭曲的推論。

需要留意的思考陷阱還有很多：稻草人謬誤（攻擊對手被扭曲過後的立場）、假二分法（把情況形容得彷彿只有兩種可能的選擇）、錯誤類比（做了具有誤導性的比較），和概率有關的錯誤（像康納曼在《快思慢想》中提出的那些）等等。哲學家以論證分析的方式系統性研究這些問題，世上多數哲學學程通常都以這樣的課程入門。本書的主題不是論證分析，感興趣的讀者可以在市面上找到很多很棒的入門書。[5]論證分析應該強制納入高中課程，因為它提供學生評估論點的重要工具。實際上，我認為論證分析也應該是所有大學科系的必修。我們應該直接採用挪威的模型。在挪威，所有大專院校學生的學習都始於哲學基礎訓練「哲學考試」（*Examen Philosophicum*）。

我在前文中說過，掌握一些科學方法論的知識也很重要。可是有人發現，若要揭露偽科學和抵制關於科學的不實資訊，光是擁有基本科學知識還不足夠。舉例來說，卡漢的實驗顯示在大學主修科學，不代表能避免政治動機性推理。[6]這不是太令人驚訝。領域的相關基礎知識對摸索很重要，可是對評估複雜的科學理論不太幫得上忙——這需要專業（我稍後會回來談）。這點和我們在科學領域看到的高度專業化有關。就連同一學科的研究人員（生物學家、化學家、經濟學家或哲學家）可能都不具備評估彼此理論所需的專業。

非專家對科學實際運作、使用的方法及其背後原因略知一二，這被證明可以對抗知識抗拒。首先，讓人們熟悉科學的核心特色是很重要的：它是一種以知識為目標的系統性調查，**其有效性不取決於誰的個人權威，而是可以由他人檢驗**。偽科學在很多方面都偏離了這個特色。哲學家漢森（Sven Ove Hansson）在一篇探討科學與偽科學差別的文章中，列出辨別偽科學的各種標準，包括：相信某人或某團體有判斷真相的特殊能力，其他人應該直接跟隨此人或此團體，使用不可複製的實驗，不願意測試其實可以測試的理論，以及傾向忽略不利於可疑理論之證據。[7]

實驗發現，讓人們檢視為什麼一些毫無根據和偽科學的理論被如此判定，似乎特別有效果。在北卡羅萊納州立大學進行的一項有趣研究中，研究人員探究在訓練學生看破偽科學、陰謀論和迷思時，應該使用哪一類的課程效果最好。[8]結果證明，目標為批判地檢視考古學無稽之談的課程，比起特定科學（在此實驗中為心理學）方法論的一般課程有效得多。學生學習審慎地評估經典迷思，包括百慕達三角洲、失落的亞特蘭提斯大陸、木乃伊的詛咒、遠古時代的外星訪客等等。他們關注證據：這些想法有多少根據？結果令人印象深刻。實驗測試了三種課程——一個科學方法論傳統課程，以及兩個新型課程（基礎和進階程度各一）。學期開始時，三組學生在面對毫無根據的信念上沒有差別——他們都同樣容易相信偽科學、陰謀論和迷思。學期結束時，學生間出現巨大差別：修習新型課程後，學生相信沒有根據的理論與迷思的可能性大幅降低（即便是課程中不曾討論過的理論也一樣），修習科學理論課程的學生則沒有態度上的變化。研究人員強調研究的規模有限，在對方法妄下評論之前還需要做更多實驗，但我認為他們有了重大發現。就像我們透過分析許多眾所皆知的陷阱，試圖避開論證分析中的思考陷阱，我們也可以透過研究一些被用來提高其可信度的伎倆，學會抵制偽科學和迷思。

如何有效抵抗「科學」迷思的研究也殊途同歸。我們學到教人認識和研究結果相關的各種扭曲是有幫助的，譬如單方論證（cherry picking，這種扭曲僅選用支持假設的數據，而無視一切其他數據）。這個方法被形容像是打疫苗：透過給予小劑量的不實資訊，然後解釋用來說服人們掉入陷阱的伎倆，有可能強化人們遭到更高劑量不實資訊攻擊時的抵抗能力。[9]

來源批判

過去幾年有很多人談論實踐來源批判的重要性。來源批判必不可少，這絕對是正確的。我好幾次強調人類知識的社會性，也就是我們仰賴他人獲取知識。基於這個原因，來源批判在批判性思考中有關鍵的效果：既然我們的知識大部分來自他人，我們必須學會判斷來源在什麼情況下可信。同時，千萬別以為批判性思考就等於來源批判。批判性思考還有很多其他要件——例如發現各種思考陷阱的能力。過分注重來源批判，可能使我們忘記批判性思考的重點是評估陳述的真實性——不是評估**來源**（個人或機構）本身。犯下人身攻擊的錯誤是很容易的。來源批判是確定陳述真實性的間接方法：你透過評估來源的可信度，間接評估陳述。但即便不可靠的來源也可能說出了真相（而可靠的來源也會散布謊言）。一個陳述源自福斯新聞，不意味著它必定是錯的。如果是重要的問題，只因來源缺乏可信度還不足以認定到此為止（哪怕缺乏可信度就足以推論該陳述尚未被證實）。

任何時候談到證據，根據既有的其他知識評估證據也很重要。假如某陳述和很多你有充分理由相信的其他事情相互矛盾，即使來源可靠，也有理由採取一定的懷疑態度。不過千萬不要忘記，錯的可能是你的信念，而不是那個來源。如果有個可靠的來源聲稱牛奶不健康，我可能被迫修正我長期以來對喝牛奶有益健康的一些看法（譬如牛奶強化骨骼）。我們不斷面對難以取捨的挑戰：當新資訊和我的個人信念發生衝突時，什麼時候我應該拒絕新資訊，什麼時候我應該放棄自己抱持的信念？這再次說明了我在第五章強調的：所有批判性思考都需要知識。你對某個主題擁有愈多背景知識，愈有能力評估來源的可信度，並分辨錯誤陳述和真實陳述。這正是專攻數位媒體來源批判的歷史學副教授尼格倫（Thomas Nygren）強調的重點。據他表示，來源批判需要一定程度的普通常識。不知道什麼叫作右翼極端主義的人，很難辨識出某個來源的立場是極右翼：「為了能夠活化一絲一毫的批判性凝視，我們得熟悉世界並理解事物的關聯。」[10]

在判斷數位來源的可信度時，有些應該遵守的經驗法則，我很高興看到今天有很多機構正在傳播這些經驗法則的相關資訊。[11]第一，你應該檢查**話語的類型**（type of utterance）。它是一種嚴肅的主張，還是一種諷刺或其他形式的玩笑？我們有很多人都曾尷尬地發現自己在社群媒體上分享（說川普／希拉蕊／強生等人有多糟糕）的貼文其實是諷刺作品。事實上，社群媒體使用者面對的一個挑戰是，這種不確定性來自人為的蓄意操縱，而且是出於政治目的，導致陳述的真確與否難以確定。第二，你應該檢查來源**獲社會認可的程度**，以及它是否符合專業的機構標準。這是剛成立的全新網站，還是譽滿天下且可信度經得起時間考驗的來源？是否有負責任的具名出版者？是否採用新聞報導和事實查核的標準及最佳做法？內容屬廣告贊助，還是真正的新聞？[12]第三，你應該考慮它是不是**第一手資料**。誠如我之前強調的，我們的感官對知識有重大影響。原則上，任何親身見證事件的人，都比只是擁有二手資訊的人有資格發表評論（視問題而定，並非每件事都可以透過觀察來判斷，例如犯罪者的動機）。但觀察不總是可靠。我在第三章提過，一個人的政治信念可能會影響他怎麼看一件事，而且有很多例子顯示人的體驗會被所持信念影響。第四，一定要質疑來源的**目的**。你有沒有理由相信來源在（此時）傳播此訊息是基於其既得利益？儘管這本身可能不構成一個反對該陳述的**論點**，但卻讓人有理由仔細檢查它。如果《今日俄羅斯》（*Russia Today*）說俄羅斯試圖操縱美國總統大選為一項不實指控，我們應該對此報導稍微持懷疑態度（《今日俄羅斯》是和克里姆林宮當局關係密切的國家新聞機構）。你當然還需要檢查來源的**真實性**（authenticity）。你的來源是那個真正的《紐約時報》（或其他你以為你在閱讀的來源），而不是偽造的版本嗎？隨著科技不斷發展，我們可以合理推論真實性將成為愈來愈嚴峻的挑戰，特別是當事涉圖像和影片時。深偽（Deepfakes，一種製作全面偽造圖像和影片的技術，像是偽造的政治人物專訪）無疑會隨著有愈來愈多人取得該技術，而造成重大傷害。[13]

查看多個獨立來源是很重要的經驗法則之一。此處的關鍵在於檢查來源之間是否**彼此獨立**。誠如我之前提到的，不同的網路消息來源經常出自同一個源頭，在這種情況下，檢查好幾個源頭相同的消息來源是沒意義的。事實證明我們往往未能做到這點，即使是習慣使用社群媒體的年輕人也一樣。這又和認知扭曲相輔而行：一旦我們發現陳述的內容證實了自己本來的信念，就不會對經由其他來源再次確認真偽太感興趣。

瑞典學校長久以來注重來源批判。有鑒於瑞典教育系統的多數教學都是專案導向，而且很少使用教科書，學生花很多時間在網路上找資料，因而學會反思來源。即便如此，我們還是看到令人憂心的情況。瑞典學校視察署（Swedish Schools Inspectorate）的評估顯示學生獨立評估來源的能力有所不足。這是國際間都有的問題。史丹佛大學一項大型研究測試了七千三百名學生評估網路消息來源的能力，結果發現各年齡層的年輕人（從中學到大學）都覺得來源批判很困難。舉例來說，八〇%的十一至十四歲人口，沒發現消息來源其實是廣告贊助內容。[14]

我們也看到種種跡象顯示瑞典教育家所珍視的有問題的知識觀念，影響了關鍵政策文件對來源批判的看法。如果你不相信事實知識，並且認為客觀性都是虛幻的，來源批判的目的當然就不可能是為了找到最客觀公正的來源。（這又令人不禁想問：如果不相信客觀事實，何苦花任何時間做來源批判？）在聯考前，學生通常會翻閱考古題，看答案的評分標準與機制為何。二〇一七年時，有人拿二〇一三年宗教研究聯考題的批改，說明如何從事社會科學的來源批判。[15]考題要學生判斷在認識基督教流派「普利茅斯弟兄會」（Plymouth Brethren）時，應該使用三個來源中的哪一個：普利茅斯弟兄會的網站、FRI基金會（FRI foundation，給身陷操縱團體者之親人參加的支持組織）的網站，或是瑞典國家百科全書（Swedish National Encyclopaedia）。瑞典教育部教育署對如何評估學生作答的建議令人驚訝。

答稱國家百科全書由專家撰寫因此最真實可信的學生都獲得C。選擇普利茅斯弟兄會和FRI基金會的網站，並批評百科全書「過於中立」（而且不是第一手來源）的學生都獲得A。評分說明如下：「學生有意識地選擇使用兩個極度主觀且同為第一手資料的來源。學生想呈現運動的兩個不同陣營，而且在作答時強調了『自主思考』的重要性。」學生也有理由認為透過結合正反消息來源，結果變得公平而中立。

「來源批判不是盡可能接受最多的觀點，然後試圖決定誰是對的。」

如果你想瞭解某個教派的真相，這顯然不是好的策略。假設某議題引發兩極化的對立，我們沒有理由相信真理「介於兩者之間」。全球暖化的真相不是介於氣候研究者和氣候變遷懷疑論者之間，麻疹疫苗是否會造成自閉症的真相不是介於疫苗研究者和焦慮的父母之間，宗教極端運動（例如IS）的真相不是介於該運動網站及其批評者之間。來源批判的目標不是盡可能接受最多的觀點，然後試圖決定誰是對的。多數時候，我們不具備找到問題真相所需的知識。來源批判的目標是調查哪個來源最可信，在這個脈絡下，可信度最高的是百科全書。

我們要記住一個重點，研究者和外行人有很大的差異。研究普利茅斯弟兄會的人顯然必須對這個教派進行調查：訪談，觀察其宗教行為，詮釋他們的文本等等。研究人員還應該檢視外界對教派的批評，並且訪問主動脫離教派的人。一旦收集到所有數據，研究者就可以運用過去的教派知識詮釋手中的材料，進而報告研究發現。最後，研究成果可能構成在瑞典國家百科全書撰寫一個條目的基礎。做為外行人（或在校學生），我既沒有機會、也沒有必要的手段去執行上述調查。做為外行人，我沒有從事研究——我必須信任專家可能得出的結果。建議外行人應該根據兩個主觀的來源「自行思考」，而非求助於受到認可的專業，可以說是相當危險的。氣候變遷問題就是個好例子。氣候研究人員使用的氣候模型很艱澀難懂——即使對有扎實科學背景的人而言都很困難。自然科學的基礎知識有助於理解溫室效應，也就是大氣中二氧化碳增加與全球暖化之間的關係，可是我們不能期望一個外行人理解氣候研究人員用來預測溫度增加的模型。熟悉「雙方」對問題的看法在實務上是行不通的，而且嘗試這麼做會有誤入歧途的重大風險。

為什麼我們要信任專家呢？如前所述，社會上出現一種愈來愈不信任專家的情況，一般常稱為**專業之死**。這份懷疑大概是知識在今日遭遇的最大威脅。事實上，我會認為後真相時代的特色，正是對過去公認的知識來源失去信任，這是民粹主義運動反對「菁英」（不是金融菁英，而是新聞工作者和研究人員）使然。[16]後真相等於後信任。造成認識方面的毀滅性結果。人類知識的社會性質使我們在獲取多數知識時完全依賴他人。如果僅以親身見聞做為其知識基礎，一個人認識的東西並不比聰明的黑猩猩多。當然，這不代表我們應該盲目地相信別人說的一切。相反的，我們有責任找到可以信任的人。我們有責任學會評估專業，理解專家在何時是可靠的來源，以及背後的原因。

信任專家

誰是專家？很簡單：專家就是對特定領域認識比多數人更多的人。沒有哪個人事事都是專家。相反的，專業的本質是清楚明確。專業的重點不在廣度，而是深度——鑽研事物。無論是科學的專業知識，或身為葡萄酒專家——或擁有關於丹麥郵票的一切知識。理論專業經常和實務專業是相連的。很懂葡萄酒的人也會具備一些技能，像是能識別羅亞爾谷地的不同葡萄酒。

我們在日常生活中經常依賴專家。廚房發生短路時，我們求助於電工；生病時求助於醫生；為解決法律問題求助於律師；而且絕不會幻想要在飛機降落時從機長手中搶過操縱桿。對專業愈來愈高漲的懷疑態度，主要（但不僅僅）是針對學術的專業知識，也針對各種研究人員。造成這現象的原因大概有很多。學術界屬於許多人如今反對的「菁英」階層——他們是受過良好教育的人，活躍於國際舞臺，通常抱持自由開明的價值觀。搞民粹主義的政治人物利用這點貶低研究人員，把他們和靠平民百姓貸款過活的華爾街銀行家歸為同類。在瑞典，對媒體的信任在政治上日益兩極化，儘管研究人員在大眾心目中仍有不錯的聲譽，但總體趨勢是令人擔憂的。[17]在英國，對專家的懷疑在脫歐公投之前發揮了重要作用，而這場大潰敗（誠如我之前提到的）是由宣稱民眾已對專家忍無可忍的政治人物所促成的。自二〇一六年川普當選以來，美國社會對媒體與科學的信任已變得非常兩極化。[18]

有些人說，任何援引專業的人都是為威權主義的知識觀服務。這種言論非常危險。談論威權主義會讓人聯想到，溫順的公民不加批判地追隨一個領導人。威權信任的特色正是人們**相信權威**，相信擁有權力的人（或團體），同樣的話如果由別人來說就不會有人相信。川普可以隨心所欲的發言，他的支持者一定都會相信（至少他們當中約兩成的真信徒會相信）——不是因為他們相信川普懂得特別多，而是因為他們相信**川普這個人**。兩相對照之下，專業的重點不在於相信**某個人**，畢竟只要具有專業所需的背景，每個研究人員都可以被取代。重點是對研究人員代表的**機構**有信心——科學的機構。

在這方面有兩個重要的問題：你怎麼決定某人是不是專家？以及你為什麼應該相信專家？畢竟，專家可能是錯的。失敗的理論在科學史上層出不窮，而且我們有很好的理由相信，今天的許多科學發現終有一天會被證明是錯誤的。

決定誰是專家的問題也許顯得自相矛盾。為了搞清楚誰是專家，我原本就該有內行的知識，可是假如我已經是個內行人，似乎也沒有理由依賴專家了。不過矛盾僅是假象。這個問題的答案是我們應當以**機構**為依托。專家是符合許多機構標準的人，而我們不用專業知識也能判斷某人是否符合這些標準。首先，這個人要具備符合某些客觀規定的資格。這一點對日常專家和研究人員都適用。電工要完成一些課程並取得證照，就和廚師或律師一樣。一名研究人員要符合的客觀規定有大專學院同等學歷，然後到學界認可的大學攻讀博士學位（通常要四到六年）。[19]博士學位最後一個步驟是論文答辯。論文答辯在每個國家或有些許差異，但總是涉及某種獨立的評鑑——要有一名公認的專家擔任反方，或有評鑑委員會（通常是兩者皆具）。我在美國紐約市的哥倫比亞大學完成博士學位，不同於瑞典，美國大學沒有公開的論文答辯，可是當你為自己的博論答辯時，會被四名以上的專家盤問好幾小時。

論文答辯完成後，隨之而來的是好幾年申請研究獎助和短期職位的艱辛歲月——總是與大批申請者激烈競爭。我曾擔任瑞典國家研究委員會的顧問，多次肩負評估研究計畫的責任。我們的領域（哲學和法學）可能會收到六十至七十件不等的申請書，平均只有五到六名申請者能獲得獎助。[20]年輕申請者與研究領域中的資深前輩一起競爭，很多有才華的研究人員最終都不幸落榜，因為錢實在是不夠分。倘若幸運撐過早期歲月，並繳出能發表在國際期刊的優秀研究成果，你也許能開始期待謀得一份終生職。具體難度因學科而異，不過以哲學領域為例，很多人都是緊抓著短期職位超過十年，甚至超過二十年，才拿到大學或學院的終生職（還有許多人從未得到這樣的工作）。

我描述這個過程不是要替研究人員叫屈。多數研究人員一點都不可憐，畢竟他們（若撐下來的話）將能享受投身熱愛事物的好運氣。我描述成為研究人員的過程，是為了闡明研究人員這個頭銜得來不易，因此是有意義的：如果某人能獲得研究經費或在正規大學擔任研究人員，我們就有充分理由相信此人為該研究領域的專家。成為研究人員是一條充滿挑戰的漫漫長路，必須藉由不停地探究鋪路前進，因此這個頭銜是有意義的。

我描述這個過程也不是因為我支持英才教育，認為在社會晉升和社會影響上應該只看資格條件。純英才教育存在明顯的問題，例如在平等方面，特別是在學校體系平等程度低的國家。[21]我只是想指出就知識而言，資格因為是很好的專業指標，所以至關重要。當然，資格不是所有專業的好指標——它僅僅暗示在研究領域的專業。在瑞典，我們有時會看到電視訪問的受訪者名字後面只寫著「教授」二字。然而，假如此人不是節目正在談論的學科的教授，他的教授身分並不是太重要。我在前文中曾提到，有個用來散布科學不實資訊的常見伎倆是「假專家」，讓某個領域的專家談論與其專業截然不同的議題。評估專業時，注意一個人有正規資格還不夠——你還得檢查此人的資格是否顯示他有相關專業知識。

因此，只要查看一個人的機構資格就可能評估專業。這讓人感到樂觀，畢竟檢查這類細節相對容易。所有大專院校的研究人員都有介紹其專業背景的個人網頁。因此，一個上網查詢的簡單動作，通常就足以確定某人是否擁有成為某方面專家的必要背景（不過你當然得確保該網站是真實的）。你應該問自己的問題如下：此人是否擁有正規大學的相關科系博士學位？此人是否有相關主題的學術出版品（這可以包括國內或國際的研究期刊，或由知名出版社出版的專書）？這個人有嚴肅的學術發展嗎？這個人是否還有其他學術成就（像是來自研究委員會的經費、學術獎項、學術期刊的編輯工作）？全部答案加起來就成為判斷一個人該不該被當作專家的充分理由。

機構的脈絡也和我們為什麼應該信任專家的第二個問題有關。學術界做為一個機構受到很多誤解。其中有些甚至相互矛盾。一方面，有一種觀點認為研究人員是共識導向的墨守成規者。他們遵照最新的理論做研究，沒有人敢質疑既定「典範」。另一方面，有一種觀點認為學術界是屬於與世隔絕天才的機構——他們是喜歡獨處的人，單憑己力解決了科學的偉大奧祕，並且開闢新天地。像是哥白尼、牛頓、達爾文和愛因斯坦等人。這兩個想法都是錯的。我認為研究人員在社會上與人交流時，最重要的主動作為之一，是幫助民眾認識學術界的社會面，以及構成學術體系的機構實際上如何運作。研究人員已正在測試，就抵消事實抗拒而言，這類資訊比科學基礎知識更為重要的假說，我認為這會是重要的發現。[22]接下來我想對研究的這個面向說幾句話。

年輕的研究人員在接受訓練時，當然有一部分時間是花在學習既定理論，並建立扎實的知識基礎。但終極目標向來都是對研究做出獨立貢獻，而對既定理論提出重大反駁的人會吸引大量關注。量子物理學家普朗克（Max Planck）曾發表一段名言，宣稱新的科學發現不是透過說服對手而被接受，而是等到他們的對手終於消亡，然後被願意接受新觀念的新世代研究人員所取代。然而，沒有證據顯示此言為真。[23]當愛因斯坦的理論挑戰古典物理學的種種理論時，區區幾年後，新物理學就成了主流。[24]在達爾文於《物種起源》（*The Origin of Species*）提出革命性的演化論十年後，有四分之三的英國研究人員接受了這套理論。[25]普朗克在世時，親眼看到他的觀念扎根並得到認可。[26]

因此，研究人員不是都站在同一陣線，而是利用教育賦予他們的工具不斷地質疑既定理論：實驗，論證和批判性思考。研究人員也不是與世隔絕的天才。最好的研究從來不是閉門造車而來。即便牛頓也在富含養分的科學環境中做研究，當時物理學漸漸發展成了一門嚴肅的科學。梅西耶和斯珀伯談到了這點。他們指出牛頓也研究化學，不過他的化學研究品質很差，而這正是因為必要的科學環境還不存在——化學尚未充分發展。每當天才出現在科學界時，總是有很多其他的研究人員創造出有助於天才出現的框架。[27]我在本書中多次引用的陳述就是出自牛頓。完整的引用在此脈絡下值得一提：「如果我看得比別人遠，那是因為我站在巨人的肩膀上。」[28]

科學界今日對孤立天才的關注甚至更少。不僅因為很多當代研究需要大型研究團隊（特別是從事昂貴大型實驗的自然科學），而且研究本身就是一項社會活動，即使在大型研究團隊並不常見的學科中也是如此。哲學是較少受惠於大型研究計畫的學科之一，可是哲學的愛好主要仍是堆砌在互動之上。研討會和會議不斷舉辦，目的是讓與會學者評估彼此的理論。由於受過專門的批判性評估訓練，哲學家提出的意見有時相當刺耳。

假如我的論點有個漏洞，我在會議上發表時十之八九會被在場聽眾發現。儘管被挑出錯誤可能令人沮喪，我總是很感謝別人的指點，因為這代表我的想法能獲得改善，並且有所進步。我到世界各地演講，每次都得到有助於提升研究水準的建設性提問。研究的互動元素，代表研究的重點既非異口同聲，也不是當個橫空出世的天才。研究人員在社會環境中仔細斟酌他們的理論，而這個持續不斷的集體提問，使有想法的人得以做出重大的科學突破。當科學懷疑者（譬如氣候變遷否認者）宣稱他們發現某個既有理論的致命缺陷時，請牢記研究的這個社會面向。假如真有如此嚴重的缺陷，一群（訓練有素的）科學家不太可能到現在還沒發現。

這不代表每個研究環境永遠運作良好。研究環境有時也會變質：某個理論呼風喚雨，蒙蔽了每個人（譬如教育研究的建構主義就是一例）。機構太過仰賴少數幾個大明星，而讓他們過度地引導年輕的研究人員。科學社會學的領域充斥這類例子，每個例子都引人入勝。但我不會離題討論這些案例，它們也不是研究通常如何運作的代表性案例。

另一個重要的研究面向是研究人員得不斷接受同儕評審（peer review），即接受領域內其他專家的評審。申請各種研究計畫經費，以及試圖發表研究成果，都要接受同儕評審。投稿國際研究期刊的審閱過程通常是「雙盲的」：投稿人不知道審稿人是誰，審稿人也不知道是投稿人是誰。有時候出版方甚至使用三重匿名機制，在文章被接受發表前，就連期刊編輯也不知道投稿人的身分。這點很重要，因為它能抵消編輯臺根據研究人員（及其所屬單位）的知名度而不是研究品質刊登文章的傾向。在不同學科（不同期刊）發表文章的難度各不相同。哲學主要期刊的刊登率約為五％。等到你終於成功發表一篇論文時，文章往往都經過了無數次的改寫，也有了顯著的改善。

近年來，有關「發表熱」以及發表論文不會促進研究的討論很多。以哲學領域為例，如今在博士就學期間發表論文已成為一種常態，這在我念博士的年代簡直是不可想像的。以博士候選人身分發表論文的危險是，你會迅速地投入專題研究，以便整合日後可發表的研究內容，而不是不受打擾地安靜累積廣泛、扎實的學科知識，等待日後的研究使用。過度注重出版還會造成其他問題，我們注意到在科學類的學科中，各大期刊比較傾向發表成功的實驗（也就是，實驗支持你想要檢驗的假設），而不是實驗不成功的結果。[29]這是個問題，因為即使是不成功的實驗（特別是嘗試複製過往實驗）依舊構成非常重要的證據，更別說這種傾向會使研究人員被誘惑以可疑的方式拯救理論（研究人員也受確認偏誤之苦）。

不過我們應該謹記一點，即使有問題，同儕評審和國際出版品仍是良好科學環境的支柱。這就是研究成果得以傳播並接受其他研究者公評的原因。如果有人想發表未經證實的結論，其他人會發現，追究監督。鄧巴（Kevin Dunbar）在一九九五年的著名研究中訪問了研究人員，試圖瞭解他們如何詮釋自己得到的研究結果。[30]結果證明，他們在試圖以不太好的論點拯救假設之前，不會輕易地放棄自己的假設。然而，事實也證明，一旦他們在其他研究人員面前發表結果後，就會被迫放棄拯救。讓我再強調一次，關鍵在於研究的社會面向。[31]

辯論和事實查核

在著名的「蒙地蟒蛇」（Monty Python）幽默短劇中，麥可・佩林（Michael Palin）走進一間販售各種服務的辦公室。他選擇花一英鎊購買五分鐘的辯論服務。接著他走進一個房間，遇到了約翰・柯里斯（John Cleese），後者立即開始和他唱反調。無論佩林怎麼說，只會得到一成不變的「不對，你錯了」。佩林愈來愈不高興，於是指出辯論和唱反調之間是有區別的，柯里斯對此的回應當然又是「不對，你錯了」。我不禁想起二〇一六年秋天川普和希拉蕊的電視辯論。當希拉蕊指責川普是普丁的魁儡時，他一再強調他的反論，「不，我不是，魁儡是你。」

「蒙地蟒蛇」的成員都念過哲學。他們知道辯論是什麼，而且他們說的沒有錯：若要辯論，若要進行一場真正的爭辯，光是唱反調是不夠的——你還得為自己的陳述提出理由，並提出反對對方陳述的理由。假設我主張槍枝管制能減少謀殺案，宣稱槍枝管制不能減少謀殺案（即使這是事實）不構成對我陳述的反對。你還必須針對我的陳述為什麼不正確提出理由，例如拿出具體的統計數據。提供理由時，你必須盡可能提出符合我先前提出要件的論點：它們應該建立在真實且有效的前提之上，也就是能支持論述。當然，通常我們無法絕對確定自己的前提是否真實。可是做為參與辯論的一方，我們有義務堅持有充分理由相信為真的陳述——我們鮮少能保證任何事是真的，不過如果我們有充分的理由，那代表我們已經盡力而為。要求絕對確定性會導致失控的懷疑論，誠如我在第一章指出的，這會造成嚴重的傷害。判斷陳述與結論之間有多少相關性也很不容易，但對此我們可以採用同一個經驗法則——僅提出有理由相信有效的論點。

辯論流氓樂於拿思考陷阱當作辯論的伎倆。我前面提到的稻草人謬誤就是一例。稻草人謬誤是以誤導性的方式表述對手的立場，盡量使它顯得愈不合理愈好。實際上，我們應該效法研究人員被迫做的事：我們應該嘗試表述敵對立場與論點的最佳版本。這麼做不僅會使辯論對手覺得受到真誠的對待，產生有利於辯論的情緒條件，而且還能釐清雙方確切要討論的內容，以及解決問題之所需。這對研究而言是非常重要的，畢竟駁斥一個模糊不清的假設，或一個根本沒人相信會成立的假設，完全沒有科學價值可言。辯論中另一個卑鄙的伎倆，當然就是使用人身攻擊的論點。這個伎倆對辯論尤其有害，因為人身攻擊往往會導致他人產生強烈的情緒反應，而我們都知道辯論愈是情緒化愈是難以獲得知識。如果辯論是公開的，人身攻擊的論點經常也會導致撕裂的兩極化，鼓勵觀眾像看足球賽一樣選邊站，而不是聆聽辯論的實際內容。

「我們應該嘗試表述敵對立場與論點的最佳版本。」

有很多研究致力於尋找應付這些僵局的辦法。舉例來說，最好試著從個人和看法的層面創造一個共同的辯論起點。實驗顯示，假如我們避免把彼此定位在不同的團體中，而且能找到團體歸屬方面的公約數，知識抗拒的程度就會降低。[32]也許我們支持不同的政黨，但我們來自同一個城鎮，接受類似的教育，支持同一支足球隊，大概在同一個年代長大等等。假如能以某種方式找到這樣的關係，在辯論中打動彼此的可能性就更高。類似的，如果能找到看法之間的共同點也會有所幫助。早在十七世紀，哲學家帕斯卡（Blaise Pascal）就強調：在與某人爭吵之前，首先應該指出你認為對方的哪些話是對的，甚至可以表達對他推理的欣賞。還有證據顯示一旦使人感到安全且受重視，將論點傳達給他們會變得比較容易。譬如研究人員做了一項實驗，首先讓參與者閱讀對其團體或背景的正面評價。之後他們就不太會覺得被挑戰，而更願意聆聽理性的論點。提起共同的價值也有幫助。[33]

改正也是一樣。誠如我們在第三章看到的，改正錯誤信念可能出乎意料地困難。假如一個信念對我們有切身的重要性，譬如對我們的身分認同和群體歸屬感，即使有人拿出堅實的論點加以反駁，我們可能還是很難放棄原來的看法，而且有時甚至會產生逆火效應，讓我們更堅定地緊抓錯誤的看法。一個情況愈是帶有情緒就愈難改正。

這一點也不令人意外。沒有人喜歡承認自己是錯的，而承認對自身世界觀很重要的種種信念是錯的更是難上加難。我們很快感覺受威脅，擔心自己的世界會像搖搖欲墜的紙牌屋一樣崩塌，因而奮力緊抓。克魯曼（Paul Krugman）在一篇社論中指出許多美國記者在二〇一六年選後緊抓不放的徒勞計畫：到國內各地問川普支持者怎麼看如今他們選出了確實如「菁英」所言那樣無能的人當總統。[34]到了這個階段，任何人都不太可能承認他們後悔自己當初的選擇。記者史翠普（Abe Streep）的說法是：「沒有人會被說服的，當別人讓他覺得自己很蠢。」[35]

「改正的時候，應該聚焦在事實，而不是錯誤的資訊。」

研究如何有效推翻科學迷思的研究人員，也彙編了許多改正事實的小技巧。其中有些主要針對媒體，但這些建議對我們每個人都受用。庫克（John Cook）和盧安道斯基（Stephan Lewandowsky）將建議整理成一本相當有用的小書《流言終結者手冊》（*The Debunking Handbook*）。[36]舉例來說，他們強調改正的時候，應該專注於事實，而不是錯誤的資訊。你應該以說明事物的道理及背後原因破題。改正的大忌是先提出迷思，然後補充說它是錯的。如果你先提起迷思，人們就有很大的機會不記得迷思是錯的——反而對迷思記憶猶新。從這點來看，媒體在二〇一六年美國總統大選期間把川普的錯誤陳述變成新聞頭條，簡直錯得一塌糊塗。民眾記住了川普的話，卻不記得那是不實的陳述。庫克和盧安道斯基還強調，針對鞏固迷思的證據提出另種解釋也很重要。例如若有人收到關於全球暖化的不實資訊，你需要說明該不實資訊出自何處，以及為什麼被散布。另一個要牢記的重點（尤其是媒體單位）是關鍵事實能否用圖像呈現，因為有證據顯示圖像的效果比純文字更好。當政治人物對犯罪統計發表了不正確的陳述，最有效的改正方式可能是用圖表示意。

讀到這裡，你很快意識到，每個人都經常犯下和辯論與論證有關的種種錯誤。我們很快變得對立，我們情緒大爆發，我們竭盡所能使另一個人無法感到安全和被欣賞。這些情況在涉及政治味濃厚的事實問題時尤其明顯。面對這類問題，影響深遠的政治兩極化帶出人性最糟糕的一面，這是有害的，我們應該在個人生活中盡可能加以抵抗，但更具破壞性的是，媒體鼓勵這種情緒性的辯論和兩極化。媒體此舉顯然與吸引大量觀眾的需求有關：他們需要戲劇性和高漲的情緒——而不是各種明智的、低調的處理方式。這就是電視和廣播在提供內容給觀眾時，很容易犯前述錯誤的原因：媒體什麼都想拿來辯論，即使在某些情況下，請專家進行說明是比較好的選擇。而觀眾想要在情緒最高昂的時候，以針鋒相對的觀點進行激辯。儘管這與研究得到的明確建議完全背道而馳：情緒高漲和兩極化會導致知識抗拒。

我不認為這問題有任何簡單的解決之道。我和許多記者談過，他們都擔心該如何處理我們今天所處的困局，而不至於失去觀眾。嚴肅的新聞業在這年頭必須對抗社群媒體和另類媒體上煽動性論述帶來的競爭，以及相應而來的廣告收入損失。但與記者交談時，我通常會有點試探地提出兩個問題。

首先，吸引觀眾的方法有很多。不一定要是高漲的情緒和戲劇性。人類生性好奇，如果創造出一個富有彈性的對話，以平易近人的方式表述適當論點，我認為即使不帶高漲的情緒，也有機會引起觀眾的興趣。比起把兩個辯論者關在籠子裡做殊死鬥，創造這樣的對話無疑難度較高。舉例來說，它需要一位有見識的人領導辯論，而且能引導對話不落入毫無根據和無關緊要的事務。它還需要有好的辯論者——在乎真相而不是贏得爭論的人，而且在自己的專業領域中知識淵博。就這點來看，我認為媒體還可以更努力。才華出眾又善於溝通的研究人員不勝枚舉，但他們卻不曾在媒體露臉，因為媒體總是固定請一些確定有收視保證的人。[37]

瑞典偉大的公共教育家羅斯林就是不用灑狗血也能傳播知識的典範。絕不會有人詬病他利用情感或戲劇性。他打動我們的方式截然不同：他學識深厚，而且懂得以能傳達正確理解的方式散播知識，往往透過使用一目瞭然的（水果或樂高）插圖。他為人熱情，而且不願犧牲真相，可是這和把論點建立在情感上是不一樣的。我認為羅斯林引起大眾的迴響就是因為人類——無論如何——是理性的動物。我們渴望理解事物，而且在終於理解的那一刻獲得極大滿足。即使真相被掩蓋，而我們滿腦子想的都是陰謀論，背後也是出於這份想要理解的渴望。

我們還應該稍微考慮脈絡。我們不是永遠不准有情緒激動的辯論。如果觀眾真的需要激情，而媒體沒有忽視這個事實的本錢，我們仍可以選擇避免在對當代政治辯論有重大影響的議題上做情緒性爭辯——諸如移民、犯罪、環境與經濟等棘手的核心議題。[38]也許我們可以選擇比較個人的議題來做發揮：你應該花多少時間陪小孩？騎自行車戴安全帽是否應該成為硬性規定？我們是不是買太多衣服了？你應該把孩子的照片上傳到臉書分享嗎？這類問題當然還是會造成一定程度的分歧，可是終究不至於造成天下大亂。

然而，不只新聞記者應該對公共辯論責任——政治人物的一舉一動也同樣重要。有證據顯示，一個國家的政治人物愈兩極化，選民就愈兩極化。[39]美國的趨勢就是個再清楚不過的例子。無論是眾議院或參議院，民主黨人與共和黨人攜手合作以便解決各種問題，在不久前還是正常的。儘管在公事上時有激烈的言辭交鋒，他們私底下還是經常有社交往來。如今兩黨合作成了例外，不再是常態，而且幾乎所有議題都會引發衝突。諸如通過預算或批准基層聯邦法院法官任命等基本議題都會陷入僵局。這種情況導致川普這樣的政治人物出現。兩極化是維繫他政治生命的血脈。他大談他的「鐵粉」並把另一陣營視為敵人，而且做為現任總統，他持續在全國各地舉辦大型的支持者集會。這一切都和高漲的情緒有關——他的每則推文都情緒滿溢。推文似乎是他紓解壓力的主要管道——他常在凌晨四點左右發布推文，因為他努力想入睡，但卻在電視上看到了一些令他心煩意亂的事。例如二〇一七年六月二十九日凌晨，他發了一則推文炮轟女記者米卡・布里津斯基（Mika Brzezinski）。布里津斯基是MSNBC《早安，喬》節目（*Morning Joe*）曾批評過他的兩位主持人之一。川普告訴大家，布里津斯基瘋了，腦袋不正常，令人反感又可悲（而且她的臉在拉皮手術後不住滲血！）然而，川普的推文還有另一項作用，他本人大概也很清楚這點：它們會加深兩極化，而且吸引他（至少一部分）的粉絲群關注。不久之前，我們根本無法想像任何政治人物（更別說是現任總統了）在公眾場合——針對女性、移民、其他政治人物或名人——發表像川普這樣的言論。有些人對此表示欣賞，將此視為言論自由之於政治正確的對抗。同時，另外一些人感到沮喪（怎麼有人能接受一位說出這種話的總統？），於是兩極化又再加深，最終使川普受惠。民主黨人愈是震驚氣憤，川普選民就和他們愈是疏遠。而且每當媒體焦點集中在他有問題的行為上，川普就利用推文做為轉移注意力的強效方法。[40]

在瑞典，政治人物的兩極化還沒那麼嚴重，不過氣氛也有點類似。同時，瑞典正形成全新的政治生態，舊的聯盟不再顯而易見，過去的政治集團不能再仰賴自身的多數優勢，而必須接受在二〇一〇年代晚期所做的瑞典選民調查中，民粹主義的瑞典民主黨有二五％的占比。這也許會抵消進一步的兩極化，迫使政黨尋求新的合作，但也可能催生新的聯盟導致兩極化繼續加深（舉個例子，想像主流的、中間偏右的溫和黨〔Moderate Party〕和右翼的瑞典民主黨接頭。這個發展如今看起來機會很大）。二〇一八年秋，中間偏右聯盟因為中間黨（Centre Party）和自由黨（the Liberals）讓社會民主黨的政府上臺導致關係產生裂縫，此後辯論中明顯的尖銳基調，就是兩極化繼續加深之風險的最佳證據。無論最終怎麼發展，我們注意到只要政治人物之間的兩極化加劇，選民的兩極化也會加劇，這代表美國的發展也可能在瑞典上演。民主社會不可或缺的對話，將因為社會的兩極化而變得更複雜。倘若社會兩極化到某個程度之上，公民最終將根據群體歸屬，而不是政治內容進行投票：「我這輩子絕不會投票給**他們的**候選人。」

這又帶出了另一個棘手但益發重要的問題：我們無論如何都該「參與辯論」嗎？又或者在某些情況下，最好徹底避免辯論？我認為我們應該以參與辯論為原則，不過一個辯論要成立，有些基本的先決條件缺一不可。辯論之所以必要，不僅因為它使我們能共同且公開地評估論點，也是因為過度片面的資訊會使陰謀論有機可趁，破壞民眾對公共論述的信心（這點我在第四章談過）。因此，在展開辯論之前，我們得滿足一些先決條件。首先，一定要有值得辯論的內容。針對我們有充分理由相信為真的事情做「辯論」毫無意義。這不僅毫無意義，甚至有一定的危險，因為就某個議題進行爭辯的事實，會給人一種彷彿真相有待釐清的觀感。這是我在第三章提過的假平衡。媒體經常犯這樣的錯。這當然和我剛才討論的東西有關聯——吸引大量觀眾的需要。（媒體以為）比起只是訪問研究人員關於麻疹疫苗是否會造成自閉症的問題，找傳染性疾病控制的研究人員和擔心害怕的父母進行辯論，更有娛樂效果。[41]

不過，我們過於頻繁地從事辯論還有另一個原因。新聞記者，特別是公共電視臺的記者，被要求盡可能保持客觀，而他們擔心倘若沒把公認的知識也當作辯論議題，記者的客觀性就會受到威脅。這樣的擔心是沒有根據的。保持客觀代表應當呈現有充分理由相信的事物，不是對（有憑有據與空穴來風的）所有陳述一視同仁。客觀性絕不能被混淆為中立性。[42]這當然是說比做容易的一件事，在當前的公共辯論氛圍下，更是難上加難。譬如民粹主義的瑞典民主黨代表一再抨擊公共服務單位沒有對氣候變遷及移民等議題採取「中立」。他們甚至在二〇二〇年二月要求瑞典的公共節目主持人到議會接受質詢，解釋他們為什麼沒有保持中立。幸好該提議被其他政黨拒絕。不過，兩大保守派政黨（溫和黨和基督教民主黨〔Christian Democrats〕）都認為瑞典應該參考丹麥最近執行的預算刪減，大幅降低公共電視節目的預算。在英國，強生（Boris Johnson，按：現任英國首相）發起了反對英國公共電視臺「英國廣播公司」（BBC）的運動，指責BBC在英國脫歐的報導中沒有持中立態度。

第二，組織公共辯論的人必須確保參與者願意遵守辯論的基本規則：他們必須對主題有充分瞭解，並且願意理性討論正方與反方的相關論點。這兩個條件密切相關。一個人會「辯論」公認的知識，通常沒有足夠知識從事理性的爭論。話雖如此，我們以為極為牢固的知識，也完全有可能建立在不穩固的基礎之上，直到某天一位有見識又極富洞察力的人揭露真相。基於這個原因，辯論自以為知道的事有時也是有意義的。不過在這種情況下，兩位辯論者都必須擁有豐富的專業與學識。在學術環境中，公認的理論受到挑戰的情況顯然定期會發生，我們可以想像在非學術環境中辯論有充分理由相信的事也是合理的——前提是雙方都具備辯論所需的知識。

在使用修辭技巧通常比提出理性論點更有力量的政治辯論中，第二條規定，也就是遵守理性對話基本規則，鮮少被遵守。在某種程度上，這是不可避免的，因為政治辯論的目的是說服他人——不是尋找真相。當兩位政黨領袖進行辯論，（幾乎）無法想像他們當中有人會做出絲毫退讓，從這個意義來看，雙方都缺少了正常辯論的基本要件之一——在論點有說服力的情況下，接受對手的論點，並改變自己的看法。政治辯論也喜歡利用有問題的辯論詭計，例如稻草人謬誤和人身攻擊論點。川普在二〇一六年選舉期間大量使用了上述兩個詭計（他專搞人身攻擊，而且喜歡給對手取綽號，例如「騙子希拉蕊」〔Crooked Hillary〕），但很多政治人物也都熱衷此道——希拉蕊也是。

「你無法和知識的敵人辯論。」

然而，即使在政治的範圍內，也應該有合理辯論的一些最低要求。你無法和知識的敵人辯論，無法和一點也不在乎真理或理性論點的人辯論，也無法和不重視民主及開放社會的人辯論。英國哲學家羅素（Bertrand Russell，一八七二至一九七〇年）畢生都熱衷參與政治，可是當他受邀和不列顛法西斯聯盟（British Union of Fascists）創辦人莫斯利（Oswald Mosley）辯論時，他拒絕了。他寫了一封舉世聞名的信，解釋自己不想和莫斯利辯論的原因。他寫道，回應道德觀和自己如此不相容、甚至令人反感的人，一向是很不容易的事。他繼續說：

我不是對你提出的原則有異議，而是我把每一分精力都投注到積極反對法西斯主義在哲學與實踐上展現的無情偏執、訴諸暴力和殘酷迫害。我覺得有義務指出我們的情感世界是如此迥異，而且從根本彼此對立，因此我們之間的交流永遠不會帶來有意義的或真誠的成果。[43]

我大談高漲情緒會產生的問題，並且強調理性和理性論證的需要。讀者可能因而以為我不重視情緒。身為從事分析哲學的女性，有些人指控我背叛了自己的性別，因為我在從事分析思考時試圖成為「男孩的一分子」。[44]這種推理有悠久的歷史。理性思考常被質疑為一種「理性崇拜」，死氣沉沉的思考把一切都變得掃興，徹底忽視人類是一種有感覺能力的生物。很多時候，理性被當作男人的特徵，感性則是女人的特徵。例如在十九世紀期間，浪漫主義是對工業化以及一種被認為嚴苛的、科學的方法的回應。浪漫主義者想回歸情感——當個解放的人。後現代對理性的批評也可以從這一傳統來看，其根源最早可追溯到尼采。

然而，否認情感的重要性不能回應這類挑戰，解決之道是拒絕接受我們必須在情緒高漲或理性之間做選擇的想法。就我個人來說，我無可救藥地情緒化，我快樂和悲傷時都（經常令人尷尬地）哭泣，而且我認為生命的目標和意義正是來自情感。[45]動物也有感覺，可是人類的情感比動物豐富太多，而這恰恰是因為人類也是認知的、會思考的生物：我們不僅有恐懼和欲望之類的基本感覺，還具有複雜的人類情感，像是渴望、愛、嫉妒、遺憾與悲傷。情感與認知的密切關聯，支撐起另一項獨特的人類活動——藝術。

我最近重看奇士勞斯基的電影《藍色情挑》（*Three Colours: Blue*，一九九三年）時，受到了極大震撼。儘管我以前就看過這部電影，而且非常喜歡它，可是電影的核心訊息沒被年輕時的我記住：**愛戰勝一切**。不是浪漫的愛情，而是要求很高的、複雜的愛。主角是個年輕女子（茱莉葉．畢諾許飾），在一場車禍中失去了先生和女兒。她費力地重回生活軌道，卻在過程中發現婚姻不如她以為的那樣和諧。她的先生是著名作曲家，在外有個長年交往的情婦，而且正懷著他們的孩子。可是主角並不怨懟——儘管她悲傷至極，但仍然做出了極為慷慨的舉動（對情婦和死去的先生都是），而且她終於又能創作了。看完電影後，我泣不成聲，因為電影的訊息是如此真實：被丟進一個巨大又晦澀難的宇宙時，我們人類還是能原諒和展現風度，哪怕是在最困難的情況下，而且我們能找到創造的力量。愛戰勝一切。沒錯，這話來自《聖經》，但無論你是不是信徒，訊息都再清楚不過。

回到關於理性與情感關係的哲學討論，重點如下：因為感覺為我們的行動提供了目標，情感對於實踐推理絕對至關重要，畢竟有情感才有動機。實踐理性的重點是擁有一些目標，以及付諸行動以便實現這些目標，而我們的目標和我們的情感關係緊密。的確，在推想哪些目標**真正值得**爭取時，思考占有一席之地，但我很難想像光靠思考就可以決定這點（即便是具有爭議性的哲學問題）。我也認為在決定目標這件事上，信任情感給我們的指引有時比較明智。也許我的理性說服我相信，我應該接受某個職業的訓練／與某人結婚／住在某城鎮／與某些人交朋友，但如果我情感上不想要這些，那也行不通。

因此，情感對實踐理性可說極為重要。但情感在**理論理性**中就沒有立足之地了。我希望某些事是真的，不意味著我有充分理由相信它是真的，重點在於合乎邏輯：充分的理由是使某個結論可能成立的理由，而我一廂情願地希望沒有下雨，不會使沒有下雨成為可能。有鑒於感覺對動機很重要，情感能**激勵**我們從事各種智力方面的活動。我的經驗是研究人員是非常熱情的人，受強烈情感的驅動，其中最重要的是理解與說明的渴望。不過，優秀的研究人員會確保自己的理論思考、推理和論證，不受自身情感的影響。我自己經常生氣——尤其不能容忍知識上的不正直。寫作本書時，這份怒氣成為重要的推動力。然而，我希望我沒有讓情緒干擾了我的論證。我大概沒有完全做到，因為觀察川普讓美國民主制度遭受糟蹋，以及世界各地民粹主義政黨破壞民主制度時，我感到很難保持中立，可是我有努力。

「一個理性、善用思考的人不可能擁有強烈情感，是既錯誤又危險的說法。」

一個理性、善用思考的人不可能擁有強烈情感，是既錯誤又危險的說法。這就是我之前提到的常見思考陷阱「假二分法」。人不是理性，就是感性。假二分法的解決之道，就是意識到我們不必選擇——選擇是一種很危險的簡化。理性與情感在某些情況下會產生衝突：當我們想做理性認為會傷害我們的事。當我們想相信沒有充分理由相信的事。可是沒有情感的理性是無以為繼，而沒有理性的情感形同在黑暗中摸索。知識不能光靠摸索。

總結：我們該怎麼做？

在這一章裡，我討論可以對知識抗拒採取的措施，特別是在思考上可以採取的措施。根據各自的社會角色，我們每個人在這方面有不同的任務。首先，所有人都有個人責任竭力消除自己的認知扭曲，學會使用批判性思考。我們應該：

- 從不同類型的來源找資訊，包括代表非自身觀點的來源（不過必須是可信的來源）。
- 謹慎評估來源可信度。
- 琢磨一個陳述的依據，避免各種思考陷阱。
- 要接受自己可能是錯的，試想不利於自身立場的最佳異議。
- 嚴肅看待專業。如果不確定某人是否真的是某方面的專家，可以瀏覽其學術網頁加以確認。
- 提防陰謀論，以及陰謀論對證偽的免疫力。
- 對自己與他人進行的對話負責。我們應該避免任何會導致兩極化和強烈情緒反應的事，盡一切可能尋求共同的出發點，並且試著將他人的立場朝和善的方向詮釋。諸如稻草人謬誤和人身攻擊論點的辯論花招，會使理想的辯論很難實現。

假如你是**專業記者**，或從事傳播資訊的工作，瞭解控制人類獲取資訊的種種機制，同時掌握導致認知扭曲的因素，是非常重要的。你應該試著做到以下幾點：

- 事實和評估：仔細區分對現實的描述和對不同情況應採取措施的意見。審慎判斷事實陳述，清楚說明你做為記者認為已經過充分證實的資訊，以及你認為還有待證實的資訊。目標不是中立性（對所有陳述一視同仁），而是客觀性（呈現有充分理由相信的陳述）。這個目標也注重結果中立性。記者朋友寫作時不妨謹記第一代威靈頓公爵韋爾斯利（Arthur Wellesley）的名言：「出版，然後挨罵。」
- 改正：焦點應放在事實上，而不是錯誤的陳述。解釋陳述為什麼是錯誤的。盡可能中立地進行改正，不做任何價值判斷。如果發生在廣播或電視上，我們知道負責改正的人愈是中立，觀眾獲得事實的機會愈高。盡可能使用圖表和其他類型的插圖是最理想的做法。
- 辯論：避免辯論已確立的知識。如果有必要辯論，確保參與者的學識水準相當——否則會造成假平衡。辯論的主持人要有見識，對任何似乎無關或不以真實前提為依據的論點提出質疑。避免挑選現場表現會使群眾嚴重兩極化的辯論參與者。選擇在乎細微差別、理性、博學的人——那些能創造富有韌性、發人深省的對話而不會造成對立的人。

- 情緒：特定情況會啟動令我們抗拒知識的情緒，尤其是信念對個人認同感至關重要的情況，以及群體歸屬受到挑戰的情況。因此，做為新聞工作者，你必須瞭解這些信念是什麼，然後特別謹慎地對待它們。不久前，全球暖化是非常中立的一個事實（共和黨人在二〇〇〇年代初期對此有很多討論），但如今它是一個極度兩極化的議題，引發政治動機性推理。每當談論這種信念時，你應該盡可能避免辯論（知識公認確鑿無誤時更是如此），但假如辯論無法避免，你應該確保辯論有邏輯、重細節，而且不情緒化。切記，避免把意見指認為專屬特定群體的意見——這只會導致部落思維。
- 用字：思考不同詞語可能引起騷動的程度，然後想想有沒有其他替代用語。盡可能字斟句酌，以正確告知接收者為原則，而不是讓接收者被過分誇大或不相干的議題誤導。若非必要，請放棄那些價值觀判斷太重的用字。選字對激發情緒有很大的影響。

- 「另類事實」：傳播知識敵人如何使用不實資訊的相關資訊——最重要是它們散播懷疑的策略，但還有藉由矛盾資訊的狂轟濫炸，試圖破壞我們對自身理性的信心。

最後，如果你是**研究人員**能做什麼？我認為你應該考慮以下四點：

- 瞭解知識理論的基礎知識，小心闡明信念和知識之間的區別。對主張真相只是觀點問題的漫不經心談話採取批判立場（要求澄清和拿出有憑有據的論點！），不要掉進相信客觀真理等同教條主義的陷阱。事實正好相反。就是因為（關於多數事物的）真理不是由我們對事物的信念決定；我們必須願意接受自己可能是錯的。
- 我們應該告知民眾研究的本質，以及專家需要做哪些事。我們應該對民眾說明研究人員要接受的各種評估，以及研究的互動面。
- 我們應該向民眾介紹科學方法論，最好能提供自身研究領域的實例，而且我們應該詳細說明偽科學的運作方式。

- 假如事關你的研究領域時，請主動參與公共辯論，無論是透過知名媒體或社群媒體的管道都可以。平時請留意你研究主題中的不實資訊，也要留意具有誤導性的普及科學，知識的威脅不僅來自錯誤資訊。現實是複雜的——簡化只會提高知識抗拒惡化的風險，因為簡化的資訊很容易受到質疑。

致謝

本書的一大主題是知識的社會本質——人類彼此依賴的程度。出現在我書中的知識自然也是如此，因此我要感謝很多的人。感謝哲學家阿克曼（Jonas Åkerman）和阿爾斯騰（Kristoffer Ahlström），他們讀了全書初稿並提出無數改進的建議（讓我少犯好幾個錯誤）。感謝心理學教授雷坎德（Mats Lekander），他讀了第三章並給我非常有用的意見回饋，也感謝學校研究員康霍（Per Kornhall）對第五章的耐心閱讀和建議。感謝我的兄弟馬丁·威克福斯（Mårten Wikforss），他從一個記者的角度閱讀本書。感謝我的出版社斯圖馬特（Christer Sturmark），他閱讀並對全書初稿給予評論，感謝我的女兒克拉拉，她是《自由思想》雜誌（Fri Tanke）的暑期實習生，多虧有她幫忙找參考文獻和做事實查核。不用說，書裡若還有錯誤（而考慮到事實是客觀的，這些錯誤幾乎肯定存在）全都是我的責任。

自從二〇一七年初開始寫本書的第一版以來，我去瑞典許多地方舉辦有關知識抗拒和後真相的講座，我想在此感謝這些講座的聽眾和其他演講者。未來研究所（Institute for Futures Studies）和瑞典研究委員會（Swedish Research Council）於二〇一七年二月二十三日安排的一次研討會打響了本書的第一槍。感謝斯德哥爾摩大學哲學系，這是我自二〇〇二年從紐約回到瑞典以來一直工作的地方。同事們讓我學到專業的真正價值。自二〇一九年一月以來，我率領由瑞典銀行三百週年基金（Riksbankens Jubileumsfond）資助的知識抗拒跨學科研究專案，我從其他研究員卡特琳・格魯爾（Kathrin Glüer）、林德霍姆（Torun Lindholm）、史藤貝克（Jesper Strömbäck）和歐司卡根（Henrik Ekengren Oscarsson）身上獲益良多。

最後，我要感謝家人在我密集寫作和演講期間一直給我支持。感謝我的先生亞當，他以最棒的方式結合了理性與感情，感謝我有智慧的一雙女兒克拉拉和漢娜，她們使我對未來充滿希望。

女人應該避免從事任何分析的工作。

45. 對生命意義的扼要反思，請詳見我的專欄'Lycka är att bry sig om andra', Göteborgsposten, 01/01/2016.

Slate 03/02/2017.

34. Paul Krugman, 'On the Power of being Awful', *The New York Times* 01/05/2017.
35. Cited by Roger Cohen in 'Americans, Let's Talk', *The New York Times* 30/05/2017.
36. Cook, J., Lewandowsky, S. (2011), *The Debunking Handbook*. St. Lucia, Australia: University of Queensland. November 5. ISBN 978-0-646-56812-6. 全文可免費下載：http://sks.to/debunk
37. 假如想找研究人員新面孔上瑞典的媒體，http：//fjardeuppgiften.se/ 是很好的資源。這裡提供許多瑞典自然科學、社會科學和人文科學研究人員的十至十五分鐘訪問影片，還可以透過訪問獲得許多主題的知識——它們預設的觀眾為普羅大眾。
38. 甚至公共傳媒也不能完全不看收視數字，因為它們的競爭對手是商業頻道。 然而，公共傳媒也有服務大眾的責任，以及保持公正和就事論事的責任。
39. 參見 Flynn, D.J., Nyhan, B. and Reifler, J. 2017, p. 140.
40. 有趣的是，盧安道斯基最近的研究顯示這個策略是有效的。川普的推特行為和新聞報導他的問題行為之間有很強的相關性，結果就是，觀眾的注意力從問題行為轉移到他的推文，參見 Paul Rosenberg, 2019, 'Trump dominates the media through Twitter: We knew this, but now there's science', Salon, 04/08/2019.
41. 二〇一七年春季，這發生在瑞典公共廣播電臺某個受歡迎的節目上，於是引起了熱烈討論，參見 Hugo Lindkvist, 'Falsk balans får debatten att kantra', *Dagens Nyheter* 03/04/2017.
42. 關於我們多麼容易掉入這個陷阱的討論，參見 Eric Schwitzgebel, 'What Happens to a Democracy when the Experts Can't be Both Factual and Balanced?', *Los Angeles Times*, 27/01/2017.
43. 更多相關內容請見 Ronald Clark's biography *The Life of Bertrand Russell* 1976, Knopf (reprint 2012, Bloomsbury Publishing).
44. 事實上，這個引用出自專家對我和另一位女士申請講座教授的評估報告。這位專家（其實是個女人）反對我們在從事語言的分析哲學時試圖成為「男孩的一分子」。她的訊息很清楚：男人喜歡做什麼都可以，但

Storck Christensen）主張正式的資格不代表一切，而且英才教育會導致不平等（「官方憑證不是一切」〔Formella meriter är inte allt〕）。 我同意我們需要促進平等，可是我認為這些作者質疑教育訓練對解決社會問題的重要性太過頭了：為了解決社會問題，我們需要知識，而知識來自教育。

22. 參見Matthew H. Slater, Joanna K. Huxster, and Julia E. Bresticker, 'Understanding and Trusting Science', (in review) *Philosophy of Science*. 他們的初步數據顯示認識科學的社會結構，可以對抗氣候議題方面的政治事實兩極化。
23. 相關整體介紹請見，請參閱梅西耶和斯珀伯的《理性之謎》(*The Enigma of Reason*）第六章（本書第三章曾討論）。科學社會學是一個廣泛的研究領域，在梅西耶和斯珀伯的書中可以找到該領域相關文本的許多參考書。
24. 就連愛因斯坦的理論都不是橫空出世，參見Nola Taylor Redd, 'Albert Einstein: Before and After Relativity', *Space.com*. 值得一提的是，愛因斯坦本人一直對相對論抱持懷疑。
25. 參見Philip Kitcher 1993, *The Advancement of Science: Science without Legend, Objectivity without Illusions.* Oxford University Press: New York.
26. 參見Mercier and Sperber 2017, p. 319.
27. 參見Mercier and Sperber 2017, chapter 6.
28. 出自一六七六年給虎克（Robert Hooke）的書信。根據片語網（Phrase Finder），類似片語最早出現於十三世紀。
29. 參見Julian Kirchherr, 'Why We Can't Trust Academic Journals to Tell the Scientific Truth', *The Guardian*, 06/06/2017.
30. Dunbar, K. 1995. 'How: Scientific Reasoning in Real-World Laboratories', in R.J. Sternberg and J.E. Davidson, eds., *The Nature of Insight*, Cambridge, MA: MIT Press.
31. 梅西耶和斯珀伯聲稱這是科學中團體所扮演角色的絕佳例證(2017, p. 321)。
32. 相關研究發現的有趣回顧，參見Flynn, D.J., Nyhan, B. and Reifler, J.2017. 'The Nature and Origins of Misperceptions: Understanding False and Unsupported Beliefs about Politics', *Advances in Political Psychology*.
33. 關於普及科學的概述，參見Jess Zimmerman 'It's Time to Give Up on Facts',

變成置入式產品。

13. 參見Cade Metz, 'Internet Companies Prepare to Fight the "Deepfake" Future', *The New York Times*, 24/11/2019.
14. Wineburg, S. et al. 2016. 'Evaluating Information: The Cornerstone of Civic Online Reasoning'. *Stanford History Education Group*. 烏普薩拉一組研究人員指出，瑞典青少年也存在類似的問題。參見Nygren and Guath 2018, 'Mixed Digital Messages: the Ability to Determine News Credibility among Swedish Teenagers'.
15. Swedish National Agency for Education, 'Religionskunskap: Bedömningsanvisningar', grade 9, academic year 2012/2013, p.30. 感謝我的姪女芙麗妲。她告訴我這個試題，而且在她的老師把這當作來源批判的範例時提出反對。
16. 二〇一八年的蘭德報告《真相衰變》（*Truth Decay*）認為，真相可能在多個面向上發生「衰變」，但當前（比起過去的真相衰變）最明顯的面向無疑是民眾愈來愈不信任過去曾受人尊敬的資訊來源（p. xii）。
17. 關於瑞典的媒體信任政治兩極化，見Ulrika Andersson, 2019, 'Högt förtroende för nyhetsmedier – men under ytan råder stormvarning', i *Storm och stiltje*, SOMinstitutet.
18. 參見Megan Brenan, 2019, 'Americans' Trust in Mass Media Edges Down to 41%', Gallup, 26/09/2019. 在美國，關於信任科學的政治兩極化也較不明顯，不過還是存在，參見Cary Funk, M. Hefferon, B Kennedy & C. Johnson, 2019, 'Trust and Mistrust in Americans' Views of Scientific Experts', Pew Research Center, 02/08/2019.
19. 尼寇斯（Tom Nichols）強調和判斷誰是專家有關的制度標準，參見Nichols, T. 2017. *The Death of Expertise. The Campaign against Established Knowledge and Why it Matters.* Oxford University Press.
20. 在瑞典的人文和社會科學領域，二〇一四年申請成功的比例平均為8.5 %，參見瑞典研究委員會的網站 (https://www.vr.se), 'Bidragsbeslut humaniora och samhällsvetenskap 2014'.
21. 在瑞典二〇一五年十一月十一日的《每日新聞》社論專欄中，蘇珊．督迪雷（Susanne Dodillet）、隆定（Sverker Lundin）和克里斯廷遜（Ditte

4. 然而，這樣的論點是否存在受到激辯，特別是考慮到川普所提到的遺產稅僅影響最富有的人。在美國，遺產總額超過五百四十五萬美元才需繳納遺產稅。
5. 例如 Tracy Bowell and Gary Kemp, 2009, *Critical Thinking. A Concise Guide*, Taylor and Francis, and Alec Fisher, 2011, *Critical Thinking. An Introduction.* Cambridge, UK: Cambridge University Press.
6. Kahan, D. 2016, '"Ordinary Science Intelligence": A Science-Comprehension Measure for Study of Risk and Science Communication, with Notes on Evolution and Climate Change', *Journal of Risk Research* 20: 8. 卡漢研究小組最近所做的研究證明，關鍵元素不是你對科學有多少認識，而是你對科學有多**好奇**：其假設是真正的好奇心使我們對證據更加開放，參見Kahan et.al., 2017, 'Science Curiosity and Political Information Processing', *Advances in Political Psychology* 38, 179–199.
7. Hansson, S.O., 'Science and Pseudo-Science', *The Stanford Encyclopedia of Philosophy* (Summer 2017 Edition), Edward N. Zalta (ed.), URL <https://plato.stanford.edu/archives/sum2017/entries/pseudo-science/>.
8. McLaughlin, A.C. McGill, A.E. 2017, 'Explicitly Teaching Critical Thinking Skills in a History Course', *Science and Education* 26: 93-105.
9. McGuire, W.J. and D. Papageorgis, 1961. 'The Relative Efficacy of Various Types of Prior Belief-Defense in Producing Immunity against Persuasion', *Public Opinion Quarterly* 26, 24–34. 相關討論，參見John Cook, 'A Skeptical Response to Science Denial', *Skeptical Inquirer*, July/August 2016.
10. Maria Lannvik Duregård, 'Gör eleverna till nyhetsgranskare', *Lärarnas tidning*, 02/03/2017.
11. 今天有許多工具可以查核爆紅報導及其他網路瘋傳的聲明。在歐洲可以使用EUvsDisinfo。Snopes是著名的美國網站http：//www.snopes.com/。Slate提供對政治言論的事實查核，而Politifact評估政治人物言論的努力在二〇〇八年獲得普立茲獎肯定。《華盛頓郵報》也啟用了一個專門檢查川普推特帳號的事實查核器。
12. 如今辨別贊助廣告和其他內容不是件很簡單的事。這與所謂的影響力行銷（即網紅行銷）有關，其內容（出現在名人的podcast）難以察覺地轉

34. Roger Säljö, 2014. *Lärande i praktiken. Ett sociokulturellt perspektiv*. Lund: Studentlitteratur.
35. 'Kunskap och lärande'. *Bildning och kunskap*. 2002. Reprinted from the Swedish Curriculum Committee's report *Skola för bildning*.
36. Definition taken from SAOL (*Svenska Akademiens ordlista*) 2015.
37. 原則上，在川普勝選州的選舉人其實可以選擇投給希拉蕊，實際上也有少數人這麼做。
38. 相關討論見Hirsch, E.D. 2016. *Why Knowledge Matters*. Harvard Education Publishing Group. p. 87–89.
39. 更深入的相關討論，參見我負責的章節 "Critical Thinking in the Post-Truth Era", in *Misinformation, 'Quackery', and 'Fake News' in Education*, eds. P. Kendeou et al., 2019.
40. Willingham, D.T. 2008. 'Critical Thinking: Why is it so Hard to Teach?'. *Arts Education Policy Review*. Volume 109 (4).

第六章

1. 更合適的用語是二〇一八年蘭德報告中提出的「真相衰變」(truth decay) 一詞。Jennifer Kavanagh and Michael D. Rich, 2018. *Truth Decay. An Initial Exploration of the Diminishing Role of Facts and Analysis in American Public Life* ', Santa Monica, CA: RAND Corporation. 角谷美智子談到「真相之死」，形容這是客觀性已失寵的時期，參見Kakutani, 2018, *The Death of Truth*, New York: Tim Duggan Books.
2. 然而，值得注意的是，今天發生的事與極權主義運動出現的二十世紀初發生的事之間，存在令人不安的相似處。相關熱烈討論，參見Timothy Snyder, 2017, *On Tyranny: Twenty Lessons from the 20th Century*, Tim Duggan Books. 亦可參見Jason Stanley, 2018, *How Fascism Works: The Politics of Us and Them*, Random House.
3. 全世界民主國家受到的威脅是非常真實的。近期研究顯示，目前全球出現一股獨裁化的趨勢。在歐洲，波蘭和匈牙利的獨裁程度已經相當進階，其他國家則顯現令人擔憂的趨勢。參見Anna Lührmann & Staffan I. Lindberg (2019) A third wave of autocratization is here: what is new about it?, Democratization, 26:7, 1095-1113.

了一個瑣碎的觀察——並不代表我們陳述中的**真理**因社會而異（因為知識的社會學概念與真理無關）。

27. Pullum, G.K. 1991. *The Great Eskimo Vocabulary Hoax*. University of Chicago Press Books.
28. 奧托（Shawn Otto）在美國學校的例子中也提出類似看法，表示社會建構主義先是在美國教育環境扎根，但很快傳播到整個歐洲：「社會建構主義思維成為一九七〇年代和一九八〇年代西方教師教育的主流典範，最終影響數千萬西方學生的教育」(191頁)。(In Otto, S. 2016. *The War on Science: Who is Waging It, Why It Matters, What We Can Do About It.* Minneapolis: Milkweed.)
29. Kelly, V. 2009. *The Curriculum. Theory and Practice*. London: Sage Publications.
30. 事實上，凱利甚至認為把知識視為客觀和普遍的傳統看法（他稱之為「絕對主義認識論」）不可避免地「導致接受極權政府，甚至在很多情況下擁護極權政府」(2009年，頁43-33)。誠如前文強調的，有很多理由相信事情可以顛倒來看：威權政權害怕真理和客觀性。
31. 這裡有很多哲學上的困惑。對比理性主義（知識主要是先驗的，不受經驗影響的論點）和經驗主義（所有重大知識都來自經驗的論點），凱利贊同經驗主義，並推斷每個人都必須獲取自己的知識。但這並不成立，因為經驗主義論點的重點是放在**解釋**，而不是**獲取**。我認識的任何經驗主義者都不會否認人類透過語言從他人那裡獲得大部分的知識。經驗主義者只是想強調，這種知識的解釋最終是來自經驗（例如來自科學實驗）。
32. 這是弗雷勒（Freire）一九六八年經典著作《受壓迫者教育學》（*Pedagogy of the Oppressed*，英譯本一九七〇中出版）中的核心觀念。一八五四年狄更斯的《艱難時世》（*Hard Times*）首次把被動的學生描述為「空容器」（empty vessels），後來成為這一辯論中常見的反駁。
33. 對此結果的最新分析，參見Henrekson & Jävervall 2017.亦可參見Henrekson and Wennstöm, 2019.他們的核心假設是，瑞典學校的衰退為建構主義教學方法與結合教育大規模市場化的結果，同時他們認為這對已經認可建構主義，目前正在考慮市場為主的學校改革的國家（像是美國）構成了警告。

återkomst. Natur & Kultur, p. 82). 為了公平起見，我想補充我有一位非常有能力的方法論老師海丁（Christer Hedin），但他同時具有扎實的哲學學科能力。

15. Linderoth, J. 2016. *Lärarens återkomst*. Natur & Kultur, p. 30.
16. Per Kornhall, 'Barnexperimentet', *Skola och samhälle*, 08/04/2013.
17. Jonas Linderoth, 'Den pedagogiska debatten har kidnappats av politiken', *Dagens Nyheter Debatt*, 01/09/2016.
18. Henrik Höjer, 'Skolan mäter inte barnens kunskaper', *Forskning & Framsteg*, 02/04/2014.
19. 這很可能是一個相關與否的問題，而不是因果關係。有個共同的因素可以相當合理的解釋書本和學校表現的相關，例如受良好教育的父母有時間和機會幫助子女的學業。
20. 參見瑞典教育部教育署的報告'Likvärdig utbildning i svensk grundskola? En kvantitativ analys av likvärdigheten över tid', 2012.
21. Christodoulou, D. 2014. *Seven Myths about Education*. Routledge, p. 98.
22. 更多近期的數據參見PISA: Denoël, E., et al. (2018). *Drivers of Student Performance: Insights from Europe.*
23. 在進步的瑞典建構主義中，對教材也帶有輕視(參見*Skola på vetenskaplig grund*, Ryve, Hemmi och Kornhall, 2016, Natur och Kultur)。有才華的老師不應該教書，也不應該「讓教材引導教學」，這意味著瑞典學生通常無法獲得任何含有針對學生程度做調整的系統性知識的教材。這很可能也造成了學校體系平等性的下降：在家中得不到幫助的學生更需要可靠的、易於理解的教材。
24. 'Bildning och kunskap'. 2002. Reprinted from the Swedish Curriculum Committee's report *Skola för bildning.*
25. 令人遺憾的是，有時情況卻相反：知識被遺忘或否認，並被毫無根據的看法所取代。
26. 有時我們談論知識的社會學概念，在這個概念中，知識恰恰是特定社會認為是知識的東西（相關討論參見Carlshamre 2020, p. 14）。當然，你可以按自己喜歡的方式定義用語，但要注意的重點是，如果你接受知識的社會學概念，則無論你怎麼定義都沒意義。這樣的知識因社會而異，成

4. Sören Viktorsson, Här kan studenterna läsa och förstå en text , *Universitetsläraren*, 01/02/2014.
5. *Dagens Industri Dimension*, 13/03/2014.
6. Hattie, J. 2008. *Visible Learning: A Synthesis of Over 800 Meta-Analyses Relating to Achievement.* Routledge.
7. 哈蒂進行後設分析的方法受到一些批評。不過，他的後設分析所依據的研究是扎實的，並且有充分的證據顯示建構主義做為一種教學方法的效果不佳。亦可參見Kirchner, P. Sweller, J. & Clark R.E. (2006), 'Why Minimal Guidance During Instruction Does Not Work: An Analysis of the Failure of Constructivist, Discovery, Problem-Based, Experiential, and Inquiry-Based Teaching' (*Journal of Educational Psychologist*, 41:2, 2006), and Mayer, R.E. (2004), 'Should There Be a Three-Strikes Rule Against Pure Discovery Learning? The Case for Guided Methods of Instruction' (*American Psychologist*, January 2004).
8. Linderoth, J. 2016. *Lärarens återkomst*. Natur & Kultur.
9. The Swedish National Agency for Education (2003) 'Lusten att lära – med fokus på matematik. Nationella kvalitetsgranskningar 2001–2002'. Skolverkets rapport 221.
10. Hirsch, E.D. 2016. *Why Knowledge Matters*. Harvard Education Publishing Group.
11. Christodoulou, D. 2014. *Seven Myths about Education*. Routledge.
12. 亦可參見英國教育研究者迪道（David Didau）的研究，他強調教育無視認知研究，以及教育最大的問題本身就是以學生為中心的教學法，這是將教育的責任放在了學生們的肩上。Didau, D. 2015. *What If Everything You Knew About Education Was Wrong?* Crown House Publishing.
13. 師資培訓在近幾十年發生了數次變化。小學、中學和特定學科教師之間的區別在一九八八年被取消，這導致了學科特定能力的減少。教師培訓在二〇〇一年再次改革，並在二〇一一年重新引入以前的年級教育區別。
14. 林德羅斯訪問對自己的培訓提出同樣質疑的老師：「在九〇年代，對你的學科充滿熱情在師培圈被認為是古怪的。」(Linderoth, J. 2016. *Lärarens*

69. 這裡可以連結到知識的不正義，藉由灌輸不確定性破壞人們的知識，我在第一章中提過這個現象。史坦利在他的《怎麼搞宣傳》(*How Propaganda Works*, 2015）討論了知識的不正義和宣傳。
70. Lauren Duca, 'Donald Trump is Gaslighting America', *Teen Vogue*, 10/12/2016.
71. Susan Dominus, 'The Reverse-Gaslighting of Donald Trump', *The New York Times Magazine*, 27/11/2016.
72. 'Read President Trump's Interview with TIME on Truth and Falsehoods', *Time Magazine*, 23/03/2017.
73. Joe Concha, 'Trump Administration Seen as More Truthful than News Media: Poll', The Hill, 08/02/2017. 關於民眾是否以及為什麼接受川普的陳述的最新研究摘要，參見Rene Chun, 'Scientists Are Trying to Figure Out Why People Are OK with Trump's Endless Supply of Lies', *Los Angeles Magazine*, 14/11/2019.
74. Jason Stanley, 'Beyond Lying: Donald Trump's Authoritarian Reality', *The Stone*, 04/11/2016.
75. Michael M. Grynbaum, 'Trump Calls the News Media the "Enemy of the American People"', *The New York Times*, 17/02/2017.
76. Timothy Snyder, 'Gryningstid för tyranniet', *Dagens Nyheter*, 16/03/2017. 亦可參見史奈德出色的小書：《暴政：掌握關鍵年代的獨裁風潮，洞悉時代之惡的20堂課》(*On Tyranny. Twenty Lessons from the Twentieth Century*), 2017. 第十課的標題是〈相信事實〉(Believe the Truth)。
77. Arendt, H. 1967. 'Truth and Politics', *The New Yorker*, 25/02/1967.
78. Gal Beckerman, 'How Soviet Dissidents Ended 70 Years of Fake News', *The New York Times*, 10/04/2017.

第五章

1. PISA於二〇一九年十二月發布的最新調查表明此一趨勢仍在繼續。不過在平等性方面沒看到任何改善。
2. 參見Christian Bennet, Madeleine Löwing, 'Gymnasister har svårt att klara matematik för mellanstadiet', *Dagens Nyheter Debatt*, 10/04/2014.
3. Hanna Enefalk et al., 'Våra studenter kan inte svenska', *Uppsala Nya Tidning*, 01/02/2013.

54. Elizabeth Kolbert, 'Why Scientists are Scared of Trump: A Pocket Guide', *The New Yorker*, 08/12/2016.
55. Heléne Lööw, 'De virtuella sekterna frodas i förvrängda fakta', *Dagens Nyheter*, 29/09/2015.
56. 'Conspiracy Theories', *Time Magazine*, 20/11/2008.
57. Grimes, D.R. 2016. 'On the Viability of Conspiratorial Beliefs'. *PLOS ONE* 11 (3).
58. 參見 Starbird, K. 'Examining the Alternative Media Ecosystem through the Production of Alternative Narratives of Mass Shooting Events on Twitter', *Association for the Advancements of Artificial Intelligence*, 2017. 史塔伯德的訪問，見 Danny Westneat, 'UW Professor: The Information War is Real and We're Losing It', *The Seattle Times*, 29/03/2017.
59. Hans Olsson, 'Partierna överens om ökad säkerhet vid valet', *Dagens Nyheter*, 01/04/2017.
60. Daniel Poohl, Ulrik Simonsson, 'Alltför många bär på djup misstro mot statsmakten', *Dagens Nyheter Debatt*, 07/12/2015.
61. Georg Cederskog, 'Medieprofessor riktar stark kritik mot "Aktuellts" inslag', *Dagens Nyheter*, 17/06/2017.
62. 實例請見 Alice Teodorescu, 'Utan självrannsakan ingen utveckling', Göteborgsposten, 09/06/2017.
63. Jan Helin, 'Vi har visst varit neutrala i vår bevakning', *Dagens Nyheter*, 13/06/2017.
64. 'Ensidigt offentligt samtal kan förklara mediemisstron', *Dagens Nyheter Debatt*, 18/06/2017.
65. Jonas Andersson Schwarz et al. 2016. 'Migrationen i medierna'. *The Institute for Media Studies*.
66. 'Läsarna misstror mediernas rapportering om invandring', *Dagens Nyheter Debatt*, 29/05/2017.
67. 'Källkritik', Säkerhetspolitik, 20/11/2015.
68. 然而，在有些情況下，我們確實只是想要轉移知識，例如教學或在科學環境中。

最糟糕的紀錄，參見'Swedish Election Second Only to US in Proportion of "Junk News" Shared', Oxford University, 06/09/2018.

43. 值得一讀的相關調查報導，請見Jo Becker, 'The Global Machine Behind the Rise of Far-Right Nationalism', *The New York Times*, 10/08/2019. 亦可參考Paul Rapacioli, *Good Sweden, Bad Sweden. The Use and Abuse of Swedish Values in a Post Truth World*, Volante 2018.
44. 參見Don Fallis and Kay Mathiesen 2019, 'Fake News is Counterfeit News', Inquiry (online 06/11/2019).
45. Burgard, J.W. 1969. 'Smoking and Health Proposal'. Legacy Tobacco Documents Library. 關於這個主題的書，見Oreskes, N. and Conway E.M. 2010. *Merchants of Doubt: How a Handful of Scientists Obscured the Truth on Issues from Tobacco Smoke to Global Warming*, Bloomsbury Press.
46. George Monbiot, 'Frightened by Donald Trump? You Don't Know the Half of it', *The Guardian*, 30/11/2016.
47. 見Mayer, J. 2016. D*ark Money: The Hidden History of the Billionaires Behind the Rise of the Radical Right*, Doubleday.
48. 但這裡有個轉折。如果一個人採信了關於科學家的陰謀論，那麼科學家看法一致的事實，將使這個人對他們的說法更加懷疑。門戶信念模型的最新研究摘要，參見'The Consensus on Consensus Messaging', *Skeptical Science blog*, 07/08/2019.
49. Cook, J. 2016. 'A Skeptical Response to Science Denial'. *Skeptical Inquirer*. Volume 40 (4)
50. Kevin Grandia, 'The 30,000 Global Warming Petition is Easily-Debunked Propaganda', *The Huffington Post*, 22/08/2009.
51. 活動仍在進行中。春季期間，哈特蘭研究所（Heartland Institute）挹注大筆資金製作華麗的小冊子，大意是說氣候研究人員的意見並不一致。他們打算印二十萬份，寄送給美國學校的老師，參見Curt Stager, 'Sowing Climate Doubt Among Schoolteachers', *The New York Times*, 27/04/2017.
52. 'VoF-undersökningen'. 2015. *The Swedish Skeptics' Association*.
53. van der Linden, et al. 2017. 'Inoculating the Public against Misinformation about Climate Change', *Global Challenges* 2017, DOI: 10.10002/ gch2.201600008.

The Conversation, 28/11/2016.

32. Craig Silverman, 'Hyperpartisan Facebook Pages are Publishing False and Misleading Information at an Alarming Rate', *Buzzfeed*, 20/10/2016.
33. John Herrman, 'Inside Facebook's (totally insane, unintentionally gigantic hyperpartisan) political-media machine', *The New York Times Magazine*, 24/08/2016.
34. 自從美國總統大選以來，臉書可以採取哪些措施來解決這一問題，已引發廣泛的討論。迄今為止，他們已開始與對線上內容做事實查核的網站合作，而且試圖散布如何區分假新聞和真新聞的資訊。但是，我們有理由相信臉書不會監管自己，因此在二〇一八年期間，制定法律規定的需要已經有愈來愈多的討論，參見Anne Appelbaum, 'Regulate Social Media Now', *The Washington Post*, 01/02/2019.
35. Kevin Rose, 'YouTube Unleashed a Conspiracy Theory Boom. Can It Be Contained?', *The New York Times*, 19/02/2019.
36. 如果你同意謊言的關鍵是欺騙的意圖，而非說錯誤不實的話，這可能甚至更為自負——意圖可以從心理上察覺，但謊言不能。
37. 詳細討論見Cathy O'Neil, 'Commentary: Facebook's Algorithm vs. Democracy', *NOVA Next PBS*, 07/12/2016.
38. Benkler, Y. et al., 'Study: Breitbart-Led Right-Wing Media Ecosystem Altered Broader Media Agenda', *Columbia Journalism Review*, 03/03/2017.
39. 別忘了訂閱電視頻道自一九九〇年代以來在美國兩極化和不實資訊中起的核心作用也很重要，參見Yochai Benkler, 'Blaming Foreign Influence is a Cop-Out. The Most Influential Propaganda is Homegrown', *The Washington Post* 28/10/2018.
40. Cecilia Kang, Adam Goldman, 'In Washington Pizzeria Attack, Fake News Brought Real Guns', *The New York Times*, 05/12/2016.
41. Kristofer Ahlström, 'Så utnyttjas attacken i Stockholm för att sprida propaganda i sociala medier', *Dagens Nyheter*, 09/04/2017.
42. 這在瑞典被假新聞淹沒的二〇一八年秋季大選中也變得很明顯。牛津大學網路研究所（Oxford Internet Institute）的研究顯示，大選前幾週被分享的（含有政治內容的）連結中有二二%是假新聞。這是歐洲各國選舉

16. Maggie Haberman and Alan Rappeport, 'Trump Drops False "Birther" Theory, but Floats a New One: Clinton Started it', *The New York Times*, 16/09/2016.
17. 對此的哲學討論，見Stokke, A. 'Lies, Harm, and Practical Interests', in *Philosophy and Phenomenological Research*, September 2017.
18. 實例見Jeremy Adam Smith's guest blog in Scientific American, 24/03/2017.
19. Sabrina Tavernise, 'As Fake News Spreads Lies, More Readers Shrug at the Truth', *The New York Times*, 06/12/2016.
20. Robert Reich, 'How Trump Lies about his Many Lies', *Newsweek*, 02/03/2017.
21. Timothy Egan, 'The Post-Truth Presidency', *The New York Times*, 04/11/2016.
22. Frankfurt, H. 2005. On Bullshit. Princeton University Press.
23. Lauren Griffin, 'Trump isn't Lying, he's Bullshitting – and it's Far More Dangerous', *The Conversation*, 27/01/2017.
24. 'Measles Outbreak across Europe', BBC News, 28/03/2017. 它在二〇一八年期間持續擴散，世界衛生組織（WHO）在二〇一九年將拒打疫苗列為對世界健康的十大威脅之一。
25. Nichols, T. 2017. *The Death of Expertise*. 另見Tom Nichols, 'How America Lost Faith in Expertise', *Foreign Affairs*, March/April 2017.
26. Dunning, D. Johnson, K. Ehrlinger, J. Kruger, J. 2003. 'Why People Fail to Recognize their own Incompetence'. *Current Directions in Psychological Science*. Volume 12 (3).
27. Georgina Kenyon, 'The Spread of Ignorance', *BBC Future*, 06/01/2016. Chalmers, D. Clark, A. 1998.
28. Chalmers, D. Clark, A. 1998. 'The Extended Mind', *Analysis* 58.
29. 對克拉克與查默斯提議的批評，參見拙作'Extended Belief and Extended Knowledge', 2014, *Philosophical Issues* 24: 460-481.
30. 許多討論圍繞著如何定義「同溫層」一詞，以及同溫層是否真的存在討論。例如有些人斷言我們今天擁有空前多樣的媒體選擇。（例如Price, R. 'Mark Zuckerberg Denies that Facebook is Trapping its Users in "Filter Bubbles"', *Business Insider*, 28/07/2016）顯而易見的是，我們的新聞已被「個人化」，即我們吸收的新聞來源因人而異。
31. Filippo Menczer, 'Misinformation on Social Media: Can Technology Save Us?',

前述觀點的批評，參見Hanoch Ben-Yami, 'Can Animals Acquire Language?', *Scientific American*, 01/03/2017.

4. 例如Paul Bloom, 2000, *How Children Learn the Meaning of Words*, MIT Press. 布魯姆把對他人意圖的理解，當作語言學習的核心基礎。
5. Grice, H.P. 1975. 'Meaning'. *The Philosophical Review* 66 (03).
6. 參見Teresa Marques, 'Disagreement with a Bald-Faced Liar?' (Phil Papers)
7. Dan Barry, 'In a Swirl of "Untruths" and "Falsehoods," Calling a Lie a Lie', *The New York Times*, 25/01/2017.
8. 有些哲學家認為，這代表一個人說的話甚至不用是錯誤的也能算謊言。如果我相信比爾與莫妮卡有婚外情，但我聲稱他們沒有，我就是撒謊了——就算他們碰巧真的沒有婚外情也一樣。不過，在這方面，我將採用詞典的定義。
9. Michael Scherer, 'Can President Trump Handle the Truth?', *Time Magazine*, 27/03/2017.
10. 對斷言本質更詳細的討論，參見Marshall 2018, 'How Donald Trump's Bullshit Earned Him a Place in the History of Assertion', *3:AM Magazine*.
11. Chris Cillizza, 'Donald Trump was a Conspiracy-Theory Candidate. Now He's on the Edge of being a Conspiracy-Theory President', *The Washington Post*, 04/03/2017.
12. 例如語言哲學家格萊斯（Paul Grice）, 1989, *Studies in the Way of Words*. Harvard University Press.
13. Schmidt, Michael S., 'Comey memo says Trump asked him to end Flynn investigation', *The New York Times*, 16/05/2017.
14. 他當選三年後，美好的新醫療保險已消失殆盡。只剩下被川普極盡破壞之能事削弱的某種歐巴馬健保，參見Amy Goldstein, 'With the Affordable Care Act's future in doubt, evidence grows that it has saved lives', *The Washington Post*, 30/09/2019.
15. 康威在接受紐澤西地方報紙《紀錄報》（*Record*）採訪時說，「我只能說今天有很多互相監視的方法，」包括「微波爐變成攝影機之類的」。她的結論是，「所以我們知道，那不過是現代生活的一項事實。」參見Mike Kelly, 'Kellyanne Conway alludes to even wider surveillance of Trump campaign', *The Record*, 15/03/2017.

39. Ross, L. Lepper, M.R. Hubbard, M. 1975. 'Perseverance in Self-Perception and Social Perception: Biased Attributional Processes in the Debriefing Paradigm'. *Journal of Personality and Social Psychology*. Volume 32(5).
40. 有些信是真的，從洛杉磯警局取得。今日人們對這類實驗可能持保留態度。
41. 相關討論見Mandelbaum, E. & Quilty-Dunn, J. 2015. 'Believing Without Reason, or: Why Liberals Shouldn't Watch Fox News'. *The Harvard Review of Philosophy* vol. XXII.
42. 見Mandelbaum, E. & Quilty-Dunn J. 2015.
43. Cook, J. Lewandowsky, S. 2011. *The Debunking Handbook*.
44. Flynn, D.J. Nyhan, B. Reifler, J. 2017. 'The Nature and Origins of Misperceptions: Understanding False and Unsupported Beliefs about Politics'. Advances in Political Psychology, 38.
45. 有人已經指出相信陰謀論是科學否定背後的共同點。見Lewandowsky, S., G.E. Gignac & K. Oberauer (2013). The Role of Conspiracist Ideation and Worldviews in Predicting Rejection of Science, PLOS One, October 2, 2013. 我會在第四章討論陰謀論。
46. 逆火效應的實驗也被證明難以複製。目前有研究對此做進一步研究，研究結果還有待耐心等候。常見的科學概述，請見Brian Resnick 'Trump Supporters know Trump Lies. They Just Don't Care', *Vox*, 10/07/2017.

第四章

1. Segerdahl, P. Fields, W. Savage-Rumbaugh, S. 2005. *Kenzi's Primal Language: The Cultural Initiation of Primates into Language.*
2. 這現象證據齊全，並且已透過所謂的「錯誤信念試驗」（false belief tests）進行了無數次測試。最早被提到的紀錄請見Wimmer, H. and Perner, J. (1983). 'Beliefs about Beliefs: Representation and Constraining Function of Wrong Beliefs in Young Children's Understanding of Deception'. *Cognition*. 13 (1): 103–12 8.
3. Call, J. Tomasello, M. 2008. 'Does the Chimpanzee have a Theory of Mind? 30 Years Later'. *Trends in Cognitive Sciences* 12 (5). 但這問題一直存在爭議。捍衛猿類具有心智理論的觀點，參見Berit Brogaard, *Psychology Today*, 01/11/2016；對

28. 心理學家和神經科學研究人員稱這些是由上而下的過程，因為它們是較高的認知（思考）干預較低的認知（感知）。
29. 不過，應該指出的是，事實兩極化也可以是某群體比另一群體瞭解更多的展現。目前的研究表明，由於政治身分與過往信念會一起發生變化，透過訴諸背景信念的不同之處，更能解釋卡漢所指出的許多影響。參見Pennycook, G. & Rand, D. G. 2019. Lazy, not biased: Susceptibility to partisan fake news is better explained by lack of reasoning than by motivated reasoning. *Cognition*, 188, pp. 39-50.
30. Iyengar, S. Westwood, S.J. 2015. 'Fear and Loathing across party lines: New evidence on group polarization'. *American Journal of Political Science*. Volume 59. Issue 3. 亦可參見Amanda Taub, 'The real story about fake news is partisanship', *The New York Times*, 11/01/2017.
31. 參見由奧森（Andreas Olsson）領導、在卡羅林斯卡學院（Karolinska Institutet）「情感實驗室」（www.emotionlab.se/node/4）所做的研究。
32. 這些風險之一與流行病傳播有關。譬如雷坎德（Mats Lekander）在他的書中寫道，生病的威脅增加懼怕不同出身之人的傾向。參見Lekander, M. 2017, *Ditt inre liv. Krafter som styr din hälsa*, Fri Tanke.
33. 參 見Mercier, H. Sperber, D. 2017. *The Enigma of Reason*. Harvard University Press p. 217.
34. 兩個系統的觀念出自康納曼的《快思慢想》，如今愈來愈有影響力。然而，這個觀念是有爭議的，值得指出的是，康納曼在表達個人看法時帶有一定的謹慎，而他相信描述得彷彿這是兩種系統是可行的。
35. Mercier, H. Sperber, D. 2017. *The Enigma of Reason*. Harvard University Press.
36. 這沒對群體選擇做任何假設（這麼做會有問題，畢竟每個人的基因都不相同）。相反的，這個觀念是認為群體偏袒個人的知識，從而使個人得以存活。
37. Johansson, P. Halls, L. Sikström, S. Olsson, A. 2005. 'Failure to detect mismatches between intention and outcome in a simple decision task'. *Science*. Volume 310. Issue 5745.
38. Hall, L. Johansson, P. Strandberg, T. 2012. 'Lifting the veil of morality: Choice blindness and attitude reversals on a self-transforming survey'. *PLoS ONE* 7(9).

該書書名啟發了本書的副書名：《開放社會及其敵人》（*The Open Society and its Enemies*, 1945）

16. 也就是說，如果你不確定你面對的是限定數量的對象，例如穀倉中的所有動物。在那種情況下，數量夠多的正例也許能驗證我的假設（穀倉中的所有動物都有四隻腳）。不過，科學推論不屬於這類型。
17. 參見：Khun, T.S. 1962. *The Structure of Scientific Revolutions*.
18. Wason, P.C. 1960. 'On the Failure to Eliminate Hypotheses in a Conceptual Task'. *The Quarterly Journal of Experimental Psychology*. Vol. XII 1960.
19. Taber, C.S. 2006. 'Motivated Skepticism in the Evaluation of Political Beliefs'. *American Journal of Political Science*. Volume 50.
20. 有個值得參考的調查出自 Hornsey, M. J., & Fielding, K. S. (2017). Attitude roots and Jiu Jitsu persuasion: Understanding and overcoming the motivated rejection of science. *American Psychologist*, 72 (5), 459-473. http://dx.doi.org/10.1037/a0040437
21. Kahan, D.M. Peters, E. Dawson, E.C. Slovic, P. 2013. 'Motivated numeracy and enlightened self-government'. *Behavioural Public Policy* 1. 亦可參見 Kahan, D.M. 'The Politically Motivated Reasoning Paradigm', in *Emerging Trends in the Social and Behavioral Sciences*, online 29 November 2016, DOI: 10.1002/9781118900772.etrds0417.
22. Brian Resnick, 2017. 'There May be an Antidote to Politically Motivated Reasoning. And it's Wonderfully Simple', *Vox*, 07/02/2017.
23. 然而，關於認知能力強化知識抗拒抑或構成保護，是個辯論的主題。和卡漢研究結果矛盾的結果，請見 Västfjäll et al. 2018。這項研究在瑞典進行，涉及關於移民問題的動機性思考。
24. Kahan, D.M. Peters, E. Dawson, E.C. Slovic, P. 2013. 'Motivated Numeracy and Enlightened Self-Government'. *Behavioural Public Policy* 1.
25. Kahan, D.M. 'The Politically Motivated Reasoning Paradigm', in press.
26. Kahan, D.M. et al. 2012. '"They Saw a Protest": Cognitive Illiberalism and Speech-Conduct Distinction'. *Stanford Law Review* 64.
27. Silins, N. 2016. 'Cognitive Penetration and the Epistemology of Perception'. *Philosophy Compass* 11.

2. 艾瑞利（Dan Ariely）在他的書中給了很多這方面的範例，參見 *Predictably Irrational: The Hidden Forces that Shape our Decisions*, 2008, Harper Collins.
3. Kahneman 2011, *Thinking, Fast and Slow*, Farrar, Straus and Giroux.
4. 值得指出的是，關於認知機制在某些情況下如何誤導我們的研究，也讓我們得到認知在沒出錯的情況下如何運作的重要知識。舉例來說，藉由檢視我們受錯覺影響的種種情況，我們得到了關於感官如何運作的深入知識。
5. 所有細節都取自：Mandelbaum, E. Quilty-Dunn, J. 2015. 'Believing Without Reason, or: Why Liberals Shouldn't Watch Fox News'. *The Harvard Review of Philosophy* vol. XXII. 這裡面包含所有引用數據的完整參考文獻。
6. *The Swedish Skeptics' Association*. 2015, 'VoF-undersökningen 2015'.
7. 儘管全部氣候研究人員中有九七至九九％認為，人類活動是當前正在發生的氣候變遷的主因（我將在第四章回頭討論）。這個三二％的數字取自珍妮佛・馬隆等人（Jennifer Marlon et al）正在編寫的《耶魯大學氣候意見地圖》（*Yale Climate Opinion Maps*）。
8. Tristan Bridges, 'There's an Intriguing Sociological Reason so Many Americans are Ignoring Facts Lately', *Business Insider*, 27/02/2017.
9. *The Swedish Skeptics' Association*. 2015, 'VoF-undersökningen 2015'.
10. 當然，就算我們從最好的來源（如科學專家）接收資訊，有時也會出錯。可是和從不明來源獲得的資訊相比，出錯的風險大幅降低了。我將在第六章回來談這點。
11. 參見 Fernbach, 2013, 'Political Extremism is Supported by an Illusion of Understanding', *Psychological Science*, 24 (6): 939-946
12. 相關討論見 Mandelbaum, E. Quilty-Dunn, J. 2015. 'Believing Without Reason, or: Why Liberals Shouldn't Watch Fox News'.
13. 批判性思考需要知識是第五章的基石。
14. 我們判斷危險的能力受到不同的影響：進化（我們需要做好準備），我們掌控情況的程度（我們認為自己掌控一切時會低估風險，例如滑雪時），危險迫在眉睫的程度（吸菸的影響還要很久之後才會發生），以及我們多麼容易記住某事。
15. 參見：Popper, K. 1959. *The Logic of Scientific Discovery*. 波普還有一本名著，

44. 福利研究者伯厄（Andreas Bergh）強調，我們不擅長評估可能性很小的統計數字，對這類報告而言是一大問題('Brott ska bade räknas och vägas', *Dagens Nyheter* 05/05/2017).
45. 但這是個複雜的問題。伯厄指出將統計數據針對社經因素標準化後，仍存在一定程度的比例過高問題，而且測量社經背景可能充滿挑戰性(*Dagens Nyheter*, 05/05/2017).
46. Hans Rosén, 'DN/Ipsos: 4 av 10 känner sig tryggare än mediernas bild', *Dagens Nyheter*, 01/03/2017.
47. *Den nationella SOM-undersökningen*, 2016, University of Gothenburg.
48. 瑞典就業輔導局（Swedish Public Employment Service）二〇一六年的報告《淨移民、職業和勞動力——明日勞工市場的種種挑戰》（*Nettoinvandring, sysselsättning och arbetskraft – utmaningar för morgondagens arbetsmarknad*）支持這個假設。根據他們的結論，為實現福利和經濟目標，每年需要淨移民六萬四千人。他們沒具體說明空白是不是應由經濟移民填補，但提到這是「一個政治決定」，不過他們確實也提到，引入完全不合格的勞動力與能夠勝任工作的移民有很大的不同。
49. 就連我也冒了這個風險，我相信我的哲學同事們會覺得本書有些簡化需要檢討。（為了那些學習哲學的人）我舉一個例子就好。我在第一章提到的三個知識條件（有憑有據的真信念）可能還不夠。我們知道這一點是因為蓋提爾（Edmund Gettier）在一九六三年發表的一篇精采短文：〈合理的真信念是知識嗎？〉由於蓋提爾的問題與我的討論無關，所以我沒有強調這一點。我在本書中所說的一切，完全是建立在這三個條件為必要條件，我不是說這三個條件就足夠了。
50. 參見：Scharrer, L. et al. 2016. 'When Science Becomes Too Easy: Science Popularization Inclines Laypeople to Underrate their Dependence on Experts', *Public Understanding of Science*.

第三章

1. 亞里斯多德的用詞是*Eudamonia*，研究人員至今仍在討論該如何翻譯這個字。「幸福」是一個常見的翻譯，但亞里斯多德想表達的也許不完全是我們談論幸福時所指的意思，而是強調生活過得好，而且符合你做為人類的「潛力」。

勝，海斯（Rutherford B. Hayes）在一八七六年獲勝，哈里遜（Benjamin Harrison）在一八八八年獲勝，小布希在二〇〇〇年獲勝，川普在二〇一六年獲勝。

36. Sean Trende, 'Trump, Brexit and the State of the Race', *Real Clear Politics*, 28/06/2016.
37. Nate Silver, 'There Really was a Liberal Media Bubble', *FiveThirtyEight*, 10/03/2017. 西爾弗（Silver）在這個脈絡下值得一提，因為他是在大選前警告民主黨，希拉蕊不是一定穩贏的專家之一。
38. 關於這點的討論，請見Ed Yong, 'How Reliable are Psychology Studies?', *The Atlantic*, 27/08/2015. 當然，這是因為我們人類是複雜的生物，而且很容易受到使控制實驗難以進行的各種因素的影響。這代表自然科學的實驗比較容易做，例如固態物理學的實驗。
39. 'Facts about Migration and Crime in Sweden', Government Offices of Sweden, 2017.
40. 瑞典國家預防犯罪委員會（Swedish National Council for Crime Prevention）二〇一七年（30/03/2017）的報告指出，致命暴力在二〇一六年期間有所下降。二〇一五年的數字是二十一世紀最高的一年（共一百一十二起），但仍低於一九八九至九一年。在二〇一八年的報告中，二〇一七年的致命暴力案件略為增加，達到一百一十三起，二〇一六年只有一百零六起。
41. Sanandaji, T. 'What is the Truth about Crime and Immigration in Sweden?', *National Review*, 25/02/2017. ''
42. 數據見UN Office on Drugs and Crimes International Homicide Statistics Database.
43. 但學者已經做了一些研究。犯罪學教授沙奈基（Jerzy Sarnecki）在回應二〇一七年五月二十二日《每日新聞》的一篇社論時寫到，他在二〇一三年發表了一項關於移民在犯罪中占比過高的研究，並強調這情況在自一九七四年以來所做的約二十項研究中都看得到。那年五月《每日新聞》做的一次評估中也指出，出身移民背景的年輕人在有開槍射擊的新一波槍枝犯罪中占比最高：一百人中有九十人的父母至少有一人在外國出生（21/05/2017）。但值得強調的是，在犯罪發生時，他們全都不是尋求政治庇護者。

24. 相關討論見Carlshamre 2020, 136–137.
25. 參見Sally Haslanger, *Resisting Reality: Social Construction and Social Critique* (2012).
26. 值得參考的概述請見Elizabeth Anderson, 'Feminist Epistemology and Philosophy of Science,' *The Stanford Encyclopedia of Philosophy* (Fall 2012 Edition), Edward N. Zalta (ed.), https://plato.stanford. edu/archives/spr2017/entries/feminism-epistemology/.
27. Joe Humphreys, 'Unthinkable: How Do we "Know" Anything?', *The Irish Times*, 05/03/2017. 在《對與錯的真相：四人對話錄》(*Tetralogue. I'm Right and You're Wrong*)中，威廉遜也藉由讓火車上的四個人（有著截然不同的觀點）辯論和知識與真理有關的問題來討論相對主義。對於希望更認識相對主義和其他相關問題的人而言來說，這是本值得閱讀的科普著作。
28. Williams, C. 'Has Trump Stolen Philosophy's Critical Tools?', *The New York Times*, 17/04/2017.
29. 拉圖最近和自己先前對科學的批評保持距離，因為他發現拒絕承認氣候變遷的人，也使用了同一類的批評。參見與拉圖的訪問Jop de Vrieze, *Science*, AAAS, 10/10/2017.
30. 懷特布克（Joel Whitebook）在他《紐約時報》二〇一七年三月二十日的社論〈川普的手段，我們的瘋狂〉(Trump's Method, Our Madness）也提到，普丁有個助理蘇爾科夫（Vladislav Surkov）對後現代主義有所涉獵，並提出合併後現代主義和專制統治的策略。
31. Andrew Marantz, 'Trolls for Trump', *The New Yorker*, 31/02/2016.
32. 拉岡（Jacques Lacan, 1891-1981）是法國精神分析家，啟發了許多後現代思想家。
33.「後現代」做為哲學用語出自李歐塔一九七九年的作品《後現代狀況》(*The Postmodern Condition*)。值得指出的是，很多在學術（還有哲學）圈外傳播的東西，幾乎毫無疑問誤解了這些哲學家，雖然我不敢具體說明誤解的程度。我事實上是在檢視非哲學家向這些後現代哲學家取用的觀念，這些觀念一般被描述為「後現代」。
34. 參見Matt Ford, 'Trump's Press Secretary Falsely Claims: "Largest Audience Ever to Witness an Inauguration, Period", *The Atlantic*, 21/01/2017.
35. 美國史上僅有五次例外：亞當斯（John Quincy Adams）在一八二四年獲

部分原因是有一部精心製作的YouTube影片「讓人看到」地球是平的。參見Graham Ambrose, 'These Coloradans say earth is flat. And gravity's a hoax. Now they're being prosecuted'. *The Denver Post*, 07/07/2017.

12. Latour, B. 1996. 'On the Partial Existence of Existing and Nonexisting Objects'. *Biographies of Scientific Objects*. Chicago University Press。熱衷此道者，還有更多類似例子請見Allan Sokal's book, *Beyond the Hoax* (2008).
13. 參見尼采的《關於道德意義以外的真理與謊言》（*On Truth and Lies in a Nonmoral Sense*, 1873）。
14. 他的重要作品是《純粹理性批判》（*The Critique of Pure Reason*, 1781）。
15. 但康德的觀念常被聲稱人類術語與現實為社會建構的那些人利用。見Staffan Carlshamre 2020, *Philosophy of the cultural sciences*，誠如卡爾山雷（Carlshamre）所指出，康德自己的理論既不社會也不相對主義（p. 121）想更深入瞭解術語和建構主義（constructivism）的人，我推薦卡爾山雷書中的第五章。
16. Sapir, E. 1958. *Culture, Language and Personality*. Berkeley: University of California Press. p. 69.
17. 討論請見Pinker, S. 1995. *The Language Instinct*. Penguin, p.59-67.
18. Eleanor Heider Rosch, 'Universals in Color Naming and Memory', *Journal of Experimental Psychology* 93 (1):10 (1972).
19. 這可能看似構成了反對康德的主張，因為他認為所有思考的必要先決條件正是這些概念（時間，空間和因果關係）。我認為這樣的解釋太過簡化。康德的論點不是人們必須用他們的語言以特定方描繪式時間和空間，他的重點其實是若沒有某種時空的概念，思想就無法存在。
20. 參見Boroditsky, L. 2001. 'Does Language Shape Thought? Mandarin and English Speakers' Conception of Time'. *Cognitive Psychology* 43, 1–22, 2001.
21. 十八世紀的燃素理論是，在所有可燃物體都可以找到一種元素叫燃素，並在燃燒後被釋放。笛卡兒是假設乙太為光的傳輸媒介的其中一人。這兩個術語現在都已被現代科學拋棄。
22. 詳細討論請見Boghossian, P. 2006. *Fear of Knowledge. Against Relativism and Constructivism*, Oxford University Press.
23. 相關討論見Carlshamre 2020, chapter 6.

Jubileumsfond）。

第二章

1. Marit Sundberg, 'Lärare försvarade fakta kring Förintelsen – kritiseras', *Dagens Nyheter*, 26/02/2015.
2. 關於赫爾辛堡的例子，不幸的是，協調員的聲明與瑞典主要教育工作者對事實的態度密切相關。
3. 這被稱為達到反思均衡（reflective equilibrium）。美國著名哲學家羅爾斯（John Rawls）在其著作《正義論》（*A Theory of Justice*, 1971）中捍衛這個道德論證觀點。
4. 哲學筆記：關於自己的知識，例如對我們的信念和渴望的知識，當然取決於我們的心理狀態。然而，有鑒於我可能相信自己持有實際上並沒有的信念，自知在前文提到的意義上仍是客觀的。事實上，擁有關於自身信念的知識比哲學家傳統上主張的更困難。相關簡短討論，參見我的文章'Självkännedom – på egen risk', *Forskning och Framsteg*, 07/07/2011.
5. 但這是個爭議問題，許多哲學家認為色彩純粹是物品的物理屬性。
6. 因此，論稱客觀真理並非在所有情況下都存在，例如如何詮釋一個文本，完全不構成對支持客觀真理之人的反對。拉森（Jonas Larsson）舉例說明了這類反對，請見 *Dagens Nyheter*, 23/03/2015 ('Radikal objektivism precis lika farligt').
7. Bosse Holmqvist, *Till relativismens försvar*, 2009, p. 275.
8. Maria Wolrath-Söderberg, 'Sanningsfundamentalism är inte alltid svaret på vår tids lögner', *Dagens Nyheter*, 20/04/2017.
9. 當然，我們也該思考相信客觀真理的人，是否或多或少比其他人更教條主義的心理問題。關於這一點，我們只能推測。無論如何，我想指出研究者（通常認為真理是客觀的）往往不是教條主義的，實際情況恰恰相反——他們通常很接受自己可能錯了的想法。
10. 我之前提到，有些哲學家相信這適用於道德問題——因此，對與錯、善與惡的問題，與真理無關。有些社會問題是道德問題（例如社會資產應如何分配），但渥瑞斯—蘇德伯格說任何社會問題都與真理無關的陳述，是個非常極端的立場。
11. 這年頭人們已經見怪不怪。地平說學會（Flat Earth Society）的運氣好轉，

ed. Stephen Gaukroger, Oxford: Blackwell Publishing.

9. Moore, G.E. 1939. 'Proof of an External World'. *Proceedings of the British Academy* 25.
10. 然而，為這個觀念提出令人滿意的定義可不容易，而且在這領域有廣泛的哲學辯論。在談相對主義的科普著作《對與錯的真相：四人對話錄》（*Tetralogue. I'm Right, You're Wrong,* 2015）中，哲學家威廉遜（Timothy Williamson）討論了這些（及其他）與知識有關的理論問題。
11. 他最值得表揚之處是他這輩子都在試圖對抗環境保護局。他現在已被前煤炭業遊說家惠勒取代。
12. *The Guardian*, 09/03/2017.
13. *The Intergovernmental Panel on Climate Change Report*. 2014. 'Climate Change 2014 Synthesis Report: Summary for Policymakers'
14. 參見'Reasons for Belief and Normativity', 這篇文章提供對主題的概述，由我與同事卡特琳．格魯爾（Kathrin Glüer）共同撰寫，收錄在*Oxford Handbook of Reasons and Normativity*, ed. D. Star, Oxford: OUP (2018).
15. 這不代表你從事的一切都能被歸類為對理論知識的追求。舉例來說，談到詮釋文學作品時，我們能否從真理的角度來做討論是有疑問的。我會在第二章回頭談這點。
16. 物理學家克勞斯（Lawrence Krauss）聲稱量子物理回答了這個問題。我認為這是不對的，畢竟量子物理必須先假定某個東西存在（哪怕是很微小的存在）才能解釋宇宙後來如何從那個東西中被創造出來。我在二〇一三年三月和克勞斯就此議題辯論：https://www.youtube.com/watch?v=MFAko80vgwg.
17. Plato, *Meno*, approx. 402 BC.
18. Kyle Dropp & Brendan Nyhan, 'One-Third Don't Know Obamacare and Affordable Care Act are The Same', T*he New York Times*, 07/02/2017.
19. 根據美國聯邦調查局表示，二〇一四年創下自一九六三年以降的謀殺率新低。
20. 自二〇一九年初開始，我率領一支大型跨學科研究團隊進行「知識抗拒：原因、後果和解藥」（Knowledge Resistance: Causes, Consequences and Cures）專案，經費來自瑞典人文學科和社會科學基金會（Riksbankens

注釋

前言

1. Gunther et al. 2018. 但評估假新聞的確切影響很困難，研究正持續進行中。
2. 參見Kessler et al. 'President Trump has Made 15,413 False or Misleading Claims Over 1,055 Days', *Washington Post*, 16/12/2019.
3. 然而，彈劾過程讓人大有理由擔憂，因為它顯示對美國民主相當重要的權力平衡現在並沒有發揮作用。例子參見'A Dishonorable Senate', *The New York Times*, 31/01/2020.

第一章

1. Fricker, M. 2007. Epistemic Injustice. Power and the Ethics of Knowing, Oxford University Press: Oxford.
2. 相關討論，見Frederick C. Crews, 'Freud: What's Left' in the *New York Review of Books*, 23 February 2017.
3. 內隱項目（Project Implicit）已開發出這類測驗，從網路上就能取得。
4. 參見康納曼（Daniel Kahneman）的《快思慢想》（*Thinking, Fast and Slow*，2011）。在書中，他提出一種區分系統一（一種快速、無意識且比較情緒化的思維方式）和系統二（一種比較慢且比較有意識的思維方式）的理論。我將在第三章繼續討論這個部分。
5. 因此，我們的內隱偏見可能會造成直接且有害的後果。例如雇主可能在聘僱過程中受到影響，結果是應聘者因其性別、年齡、種族、宗教、體重而受差別對待歧視。
6. 但這並非完全沒有爭議。根據某個信念理論表示，信念可以在人類的大腦之外成真，例如在我口袋裡的iPhone中。我會在第四章繼續說明這點。
7. Aristotle. *Metaphysics*.
8. 關於笛卡兒證明上帝存在的討論，參見Nolan, L. and Nelson, A. 2006. 'Proofs for the Existence of God', *The Blackwell Guide to Descartes' Meditations*,

Wikforss, Å. 2014. 'Extended Belief and Extended Knowledge'. *Philosophical Issues*, 24, pp. 460-481.

Wikforss, Å. 'Självkännedom – på egen risk'. *Forskning & Framsteg*. 7 July 2011.

Williams, C. 'Has Trump Stolen Philosophy's Critical Tools?', *The New York Times* 17 April 2017.

Williamson, T. 2015. *Tetralogue: I'm Right, You're Wrong*. Oxford University Press.

Willingham, D.T. 2010. *Why Don't Students Like School?: A Cognitive Scientist Answers Questions About How the Mind Works and What It Means for the Classroom*. Josey-Bass. pp.48–49.

Willingham, D.T. 2008. 'Critical Thinking: Why is it So Hard to Teach?'. *Arts Education Policy Review,* Volume 109 (4).

Wimmer, H. Perner, J. 1983. 'Beliefs about Beliefs: Representation and Constraining Function of Wrong Beliefs in Young Children's Understanding of Deception'. *Cognition*. Volume 13 (1), pp.103–128.

Wineburg, S. et al. 2016. *Evaluating Information: The Cornerstone of Civic Online Reasoning*. Stanford History Education Group.

Wolrath-Söderberg, M. 'Sanningsfundamentalism är inte alltid svaret på vår tids lögner'. *Dagens Nyheter* 20 April 2017.

Yong, E. 'How Reliable Are Psychology Studies?'. *The Atlantic* 27 August 2015.

Zimmerman, J. 'It's Time to Give Up on Facts'. *Slate* 8 February 2017.

Stager, C. 'Sowing Climate Doubt Among Schoolteachers'. *The New York Times* 27 April 2017.

Stanley, J. 2018. *How Fascism Works: The Politics of Us and Them.* Random House.

Stanley, J. 'Beyond Lying: Donald Trump's Authoritarian Reality'. *The New York Times* 4 November 2016.

Stanley, J. 2015. *How Propaganda Works.* Princeton University Press.

Starbird, K. 2017. 'Examining the Alternative Media Ecosystem through the Production of Alternative Narratives of Mass Shooting Events on Twitter'. *ICWSM* 2017.

Stokke, A. 'Lies, Harm, and Practical Interests'. *Philosophy and Phenomenological Research*, Volume 98 (2).

Sundberg, Marit. 'Lärare försvarade fakta kring Förintelsen – kritiseras'. *Dagens Nyheter* 26 February 2015.

Säljö, R. 2014. *Lärande i praktiken – Ett sociokulturellt perspektiv.* Studentlitteratur AB.

Taber, C.S. & Lodge, M. 2006. 'Motivated Skepticism in the Evaluation of Political Beliefs'. *American Journal of Political Science,* Volume 50 (3).

Taub, A. 'The Real Story about Fake News is Partisanship'. *The New York Times* 11 January 2017.

Tavernise, S. 'As Fake News Spreads Lies, More Readers Shrug at the Truth'. *The New York Times* 6 December 2016.

Teodorescu, A. 'Utan självrannsakan ingen utveckling'. *Göteborgs-Posten* 9 June 2017.

Trende, S. 'Trump, Brexit and the State of the Race'. *RealClearPolitics* 28 June 2016.

Viktorsson, S. 'Här kan studenterna läsa och förstå en text'. *Universitetsläraren* 1 February 2014.

de Vrieze, J. 2017, '"Science Wars" Veteran has a New Mission'. *Science*, American Association for the Advancement of Science, Volume 358 (6360).

Wason, P.C. 1960. 'On the Failure to Eliminate Hypotheses in a Conceptual Task'. *The Quarterly Journal of Experimental Psychology*, Volume 12 (3).

Westneat, D. 'UW Professor: The Information War is Real and We're Losing it'. *The Seattle Times* 29 March 2017.

Whitebook, J. 'Trump's Method, Our Madness'. *The New York Times* 20 March 2017.

Wikforss, Å. 2019. 'Critical Thinking in the Post-Truth Era'. Kendeou, P. et al. (eds.) *Misinformation, 'Quackery', and 'Fake News' in Education.* Information Age Publishing.

Wikforss, Å. 'Lycka är att bry sig om andra'. *Göteborgs-Posten* 1 January 2016.

Resnick, B. 'There May be an Antidote to Politically Motivated Reasoning. And it's Wonderfully Simple.'. *Vox* 7 February 2017.

Rosén, H. 'DN/Ipsos: 4 av 10 känner sig tryggare än mediernas bild'. *Dagens Nyheter* 1 March 2017.

Rosenberg, P. 2019. 'Trump Dominates the Media Through Twitter: We Knew This, But Now There's Science'. *Salon* 4 August 2019.

Ross, L. et al. 1975. 'Perseverance in Self-Perception and Social Perception: Biased Attributional Processes in the Debriefing Paradigm'. *Journal of Personality and Social Psychology*, Volume 32 (5).

Ryve, A. et al. 2016. *Skola på vetenskaplig grund*. Natur & Kultur.

Sanandaji, T. 2017. 'What is the Truth about Crime and Immigration in Sweden?', *National Review*, 25 February 2017.

Sapir, E. 1949. *Culture, Language and Personality*. University of California Press.

Scharrer, L. et. al. 2017. 'When Science Becomes Too Easy: Science Popularization Inclines Laypeople to Underrate their Dependence on Experts'. *Public Understanding of Science*, Volume 26 (8).

Scherer, M. 'Can President Trump Handle the Truth?'. *Time* 23 March 2017.

Schmidt, M.S. 'Comey Memo Says Trump Asked Him to End Flynn Investigation'. *The New York Times* 16 May 2017.

Schwitzgebel, E. 'What Happens to a Democracy When the Experts Can't be Both Factual and Balanced?'. *Los Angeles Times* 27 January 2017.

Segerdahl, P. et al. 2005. *Kenzi's Primal Language: The Cultural Initiation of Primates into Language*. Palgrave Macmillan.

Silins, N. 2016. 'Cognitive Penetration and the Epistemology of Perception'. *Philosophy Compass* Volume 11, pp.24-42.

Silver, N. 'There Really was a Liberal Media Bubble'. *FiveThirtyEight* 10 March 2017.

Silverman, C. et al. 'Hyperpartisan Facebook Pages are Publishing False and Misleading Information at an Alarming Rate'. *Buzzfeed* 20 October 2016.

Snyder, T. 2017. *On Tyranny: Twenty Lessons from the Twentieth Century*. Tim Duggan Books.

Snyder, T. 'Gryningstid för tyranniet'. *Dagens Nyheter* 15 March 2017.

Sokal, A. 2008. *Beyond the Hoax*. Oxford University Press.

Nichols, T. 2017. *The Death of Expertise. The Campaign Against Established Knowledge and Why it Matters. Oxford University Press*

Nichols, T. 'How America Lost Faith in Expertise'. *Foreign Affairs.* March/April 2017.

Nietzsche, F. 1873. *On Truth and Lies in a Nonmoral Sense*

Nolan, L. Nelson, A. 2006. 'Proofs for the Existence of God'. *The Blackwell Guide to Descartes' Meditations.* ed. Gaukroger, S. Blackwell. pp. 104-121.

Nygren, T. Guath, M. 2018, 'Mixed Digital Messages: the Ability to Determine News Credibility among Swedish Teenagers', 15th International Conference on Cognition and Exploratory Learning in Digital Age, *CELDA*, pp.375-378.

Olsson, H. 'Partierna överens om ökad säkerhet vid valet'. *Dagens Nyheter* 1 April 2017.

Oreskes, N. Conway E.M. 2010. *Merchants of Doubt: How a Handful of Scientists Obscured the Truth on Issues from Tobacco Smoke to Global Warming.* Bloomsbury Press.

Otto, S. 2016. *The War on Science: Who is Waging It, Why It Matters, What We Can Do About It.* Milkweed.

Pennycook, G. & Rand, D. G. 2019. 'Lazy, not biased: Susceptibility to partisan fake news is better explained by lack of reasoning than by motivated reasoning'. *Cognition, 188*, pp. 39-50.

Pinker, S. 1995. *The Language Instinct.* Penguin.

Poohl, D. Simonsson, U. 'Alltför många bär på djup misstro mot statsmakten'. *Dagens Nyheter Debatt* 7 December 2015.

Popper, K. 1959. *The Logic of Scientific Discovery. Routledge.*

Price, R. 'Mark Zuckerberg Denies that Facebook is Trapping its Users in "Filter Bubbles"'. *Insider* 28 July 2016.

Pullum, G.K. 1991. *The Great Eskimo Vocabulary Hoax and Other Irreverent Essays on the Study of Language.* University of Chicago Press.

Rapacioli, P. 2018. *Good Sweden, Bad Sweden. The Use and Abuse of Swedish Values in a Post Truth World.* Volante.

Rawls, J. 1971. *A Theory of Justice.* Harvard University Press.

Reich, R. 'How Trump Lies About His Many Lies'. *Newsweek* 2 March 2017.

Resnick, B. 'Trump Supporters Know Trump Lies. They Just Don't Care.'. *Vox* 10 July 2017.

Linderoth, J. 'Den pedagogiska debatten har kidnappats av politiken'. *Dagens Nyheter Debatt* 1 September 2016.

Lindkvist, H. 'Falsk balans får debatten att kantra'. *Dagens Nyheter* 2 April 2017.

Lyotard, J. 1984. *The Postmodern Condition: A Report on Knowledge.* Manchester University Press

Lööw, H. 'De virtuella sekterna frodas i förvrängda fakta'. *Dagens Nyheter* 29 September 2015.

Lührmann, A. Lindberg, S. 2019. 'A Third Wave of Autocratization Is Here: What Is New About It?' *Democratization*, 26:7, pp. 1095-1113.

Mandelbaum, E. Quilty-Dunn, J. 2015. 'Believing without Reason, or: Why Liberals Shouldn't Watch Fox News'. *The Harvard Review of Philosophy* Volume 22 pp. 42-52.

Marantz, A. 'Trolls for Trump'. *The New Yorker* 24 October 2016.

Marques, T. 'Disagreement with a Bald-Faced Liar?'. Phil Papers.

Marshall, R. 2018, 'How Donald Trump's Bullshit Earned Him a Place in the History of Assertion', *3:AM Magazine*, 29 April 2018.

Mayer, J. 2016. *Dark Money: How a Secretive Group of Billionaires is Trying to Buy Political Control in the US. Scribe Publications.*

Mayer, R.E. 2004. 'Should There Be a Three-Strikes Rule Against Pure Discovery Learning? The Case for Guided Methods of Instruction'. *American Psychologist*, Volume 59 (1), pp. 14-19.

McGuire, W.J. & Papageorgis, D. 1961. 'Effectiveness of Forewarning in Developing Resistance to Persuasion', *Public Opinion Quarterly* Volume 26 (1), pp.24–34.

McLaughlin, A.C. & McGill, A.E. 2017. 'Explicitly Teaching Critical Thinking Skills in a History Course', *Science and Education* Volume 26 (1-2), pp.93–105.

Menczer, F. 'Misinformation on Social Media: Can Technology Save Us?' *The Conversation* 28 November 2016.

Mercier, H. Sperber, D., 2017. *The Enigma of Reason.* Harvard University Press.

Metz, C. 'Internet Companies Prepare to Fight the "Deepfake" Future'. *The New York Times* 24 November 2019.

Monbiot, G. 'Frightened by Donald Trump? You Don't Know the Half of it'. *The Guardian* 30 November 2016.

Moore, G.E. 1939. 'Proof of an External World'. *Proceedings of the British Academy* Volume 25.

Nesher, P. 2015. 'On the Diversity and Multiplicity of Theories in Mathematics Education' in *Pursuing Excellence in Mathematics Education* Silver, E., Keitel-Kreidt, C. (eds.), pp.137–148.

Kang, C., Goldman. A. 'In Washington Pizzeria Attack, Fake News Brought Real Guns'. *The New York Times* 5 December 2016.

Kavanagh, J. Rich, M.D. 2018. *Truth Decay. An Initial Exploration of the Diminishing Role of Facts and Analysis in American Public Life.* RAND Corporation.

Kelly, M. 'Kellyanne Conway alludes to even wider surveillance of Trump campaign', *The Record* 15 March 2017.

Kelly, V. 2009. *The Curriculum. Theory and Practice.* Sage Publications.

Kenyon, G. 'The Man who Studies the Spread of Ignorance'. *BBC Future* 6 January 2016.

Kessler, G. et al. 'President Trump has Made 15,413 False or Misleading Claims Over 1,055 Days'. *The Washington Post* 16 December 2019.

Khun, T.S. 1962. *The Structure of Scientific Revolutions.* University of Chicago Press

Kirchner, P. et al. 2006. 'Why Minimal Guidance During Instruction Does Not Work: An Analysis of the Failure of Constructivist, Discovery, Problem-Based, Experiential, and Inquiry-Based Teaching'. *Journal of Educational Psychologist*, 41:2, pp. 75-86

Kitcher, P. 1993, *The Advancement of Science: Science without Legend, Objectivity without Illusions. Oxford University Press.*

Kolbert, E. 'Why Scientists are Scared of Trump: A Pocket Guide'. *The New Yorker* 8 December 2016.

Kornhall, P. 2016. *Skola på vetenskaplig grund.* Natur och Kultur.

Kornhall, P. 'Barnexperimentet'. *Skola och samhälle* 8 April 2013.

Larsson, J. 'Radikal objektivism precis lika farligt'. *Dagens Nyheter* 23 March 2015.

Latour, B. 1996. 'On the Partial Existence of Existing and Non-Existing Objects'. *Biographies of Scientific Objects.* Daston, L. (ed.) Chicago University Press. pp.247-269

Lekander, M. 2017. *Ditt inre liv.* Fri Tanke.

Lewandowsky, S. et al. 2013. 'The Role of Conspiracist Ideation and Worldviews in Predicting Rejection of Science.' *PLOS One* 2 October 2013.

Lind, T. et al. 2018, 'Motivated Reasoning when Assessing Effects of Refugee Intake', *Behavioral Public Policy,* December 2018.

van der Linden, S. et al. 2017. 'Inoculating the Public against Misinformation about Climate Change' *Global Challenges.* Vol. 1 (2).

Linderoth, J. 2016. *Lärarens återkomst.* Natur & Kultur.

Henrekson, M. Jävervall, S. 2017. *Educational Performance in Swedish Schools is Plummeting – What Are the Facts?*. Royal Academy of Swedish Engineering Sciences.

Henrekson, M. Wennstöm, J. 2019. '"Post-Truth" Schooling and Marketized Education: Explaining the Decline in Sweden's School Quality', *Journal of Institutional Economics* 15 (5), pp. 897-914.

Herrman, J. 'Inside Facebook's (Totally Insane, Unintentionally Gigantic Hyperpartisan) Political-Media Machine'. *The New York Times Magazine* 24 August 2016.

Hirsch, E.D. 2016. *Why Knowledge Matters: Rescuing Our Children from Failed Educational Theories.* Harvard Education Press.

Holmqvist, B. 2009. *Till relativismens försvar: några kapitel ur relativismens historia* Symposium.

Humphreys, J. 'Unthinkable: How Do We 'Know' Anything?'. *The Irish Times* 5 March 2017.

Höjer, H. 'Skolan mäter inte barnens kunskaper'. *Forskning & Framsteg* 2 April 2014.

Iyengar, S. Westwood, S.J. 2015. 'Fear and Loathing across Party Lines: New Evidence on Group Polarization'. *American Journal of Political Science* Volume 59 (3).

Johansson, P. et al. 2015. 'Failure to Detect Mismatches Between Intention and Outcome in a Simple Decision Task'. *Science* Volume 310, (5745).

Kahan, D.M. et.al. 2017. 'Science Curiosity and Political Information Processing'. *Advances in Political Psychology* Volume 38 (S1) pp.179–199.

Kahan, D.M. 2016 'The Politically Motivated Reasoning Paradigm, Part 1: What Politically Motivated Reasoning Is and How to Measure It'. *Emerging Trends in the Social and Behavioral Sciences* Scott, R.A and Kosslyn, S.M (eds.). Online 29 November 2016

Kahan, D.M. 2016. 'The Politically Motivated Reasoning Paradigm, Part 2: Unanswered Questions'. *Emerging Trends in the Social & Behavioral Sciences* Scott, R.A. and Kosslyn S.M. (eds.). Online 29 November 2016.

Kahan, D.M. 2016, '"Ordinary Science Intelligence": A Science-Comprehension Measure for Study of Risk and Science Communication, with Notes on Evolution and Climate Change'. *Journal of Risk Research* Volume 20: 8.

Kahan, D.M. et al. 2013. 'Motivated Numeracy and Enlightened Self-Government'. *Behavioural Public Policy* Volume 1.

Kahan, D.M. et al. 2012. '"They Saw a Protest": Cognitive Illiberalism and the Speech-Conduct Distinction'. *Stanford Law Review* Volume 64 (4).

Kahneman, D. 2011. *Thinking, Fast and Slow.* Farrar, Straus and Giroux.

Kakutani, M. 2018. *The Death of Truth.* Tim Duggan Books.

Frankfurt, H. 2005. *On Bullshit.* Princeton University Press.

Fricker, M. 2007. *Epistemic Injustice: Power and the Ethics of Knowing.* Oxford University Press.

Funk, C. et al. 2019. 'Trust and Mistrust in Americans' Views of Scientific Experts'. *Pew Research Center* 2 August 2019.

Glüer, K. Wikforss, Å. 2018. 'Reasons for Belief and Normativity' in *Oxford Handbook of Reasons and Normativity* (ed.) Starr, D. Oxford University Press, pp. 575-599.

Goldstein, A. 'With the Affordable Care Act's future in doubt, evidence grows that it has saved lives. *The Washington Post* 30 September 2019.

Grandia, K. 'The 30,000 Global Warming Petition is Easily-Debunked Propaganda'. *The Huffington Post* 22 August 2009.

Grice, H.P. 1989. *Studies in the Way of Words.* Harvard University Press.

Grice, H.P. 1975. 'Meaning'. *The Philosophical Review* Volume 66 (3).

Griffin, L. 'Trump isn't Lying, He's Bullshitting – and it's Far More Dangerous', *The Conversation* 27 January 2017.

Grimes, D. R. 2016. 'On the Viability of Conspiratorial Beliefs'. *PLoS ONE* Volume 11 (3).

Grynbaum, M. 'Trump Calls the News Media the "Enemy of the American People"'. *The New York Times* 17 February 2017.

Gunther, R. et al. 2018. 'Fake News May Have Contributed to Trump's Victory', *The Conversation*, 15 February 2018.

Haberman, M. Rappeport, A. 'Trump Drops False "Birther" Theory, but Floats a New One: Clinton Started It'. *The New York Times* 16 September 2016.

Hall, L. et al. 2012. 'Lifting the Veil of Morality: Choice Blindness and Attitude Reversals on a Self-Transforming Survey'. *PLoS ONE* Volume 7 (9).

Hansson, S.O. 2017 'Science and Pseudo-Science', *The Stanford Encyclopedia of Philosophy* (Summer 2017 Edition), Zalta, E.N. (ed.).

Haslanger, S. 2012. *Resisting Reality: Social Construction and Social Critique.* Oxford University Press.

Hattie, J. 2008. *Visible Learning: A Synthesis of Over 800 Meta-Analyses Relating to Achievement. Routledge.*

Heider, E. R. 1972. 'Universals in Color Naming and Memory', *Journal of Experimental Psychology* Volume 93 (1)

Cohen, R. 'Americans, Let's Talk'. *The New York Times* 30 May 2017.

Concha, J. 'Trump Administration Seen as More Truthful than News Media: Poll'. *The Hill* 8 February 2017.

Cook, J. 2016. 'A Skeptical Response to Science Denial'. *Skeptical Inquirer.* Volume 40 (4).

Cook, J. Lewandowsky, S. 2011. *The Debunking Handbook.* University of Queensland.

Crews, F. C. 'Freud: What's Left'. *The New York Review of Books* 23 February 2017.

Denoël, E. et al. 2018. *Drivers of Student Performance: Insights from Europe.*

Didau, D. 2015. *What If Everything You Knew About Education Was Wrong?* Crown House Publishing.

Dominus, S. 'The Reverse-Gaslighting of Donald Trump'. *The New York Times Magazine* 27 November 2016.

Dropp, K. Nyhan, B. 'One-Third Don't Know Obamacare and Affordable Care Act are the Same'. *The New York Times* 7 February 2017.

Dunbar, K. 1995. 'How Scientists Really Reason: Scientific Reasoning in Real-World Laboratories'. Sternberg, R.J. and Davidson, J. (eds.) *Mechanisms of Insight.* MIT Press.

Duca, L. 'Donald Trump is Gaslighting America'. *Teen Vogue* 10 December 2016.

Dunning, D. et al. 2003. 'Why People Fail to Recognize Their Own Incompetence'. *Current Directions in Psychological Science* Volume 12 (3).

Egan, T. 'The Post-Truth Presidency'. *The New York Times* 4 November 2016.

Enefalk, H. et al. 'Våra studenter kan inte svenska'. Uppsala Nya Tidning 1 February 2013.

Fallis, D. Mathiesen, K. 'Fake News is Counterfeit News'. *Inquiry* (online) 6 November 2019.

Fernbach, P. et al. 2013. 'Political Extremism is Supported by an Illusion of Understanding Psychological Science'. Psychological Science. Association for Psychological Science Volume 24 (6), pp. 939–946.

Fisher, A. 2011. *Critical Thinking. An Introduction.* Cambridge University Press.

Flynn, D.J. et al. 2017. 'The Nature and Origins of Misperceptions: Understanding False and Unsupported Beliefs About Politics'. *Advances in Political Psychology,* Volume 38, (S1), pp. 127-150.

Ford, M. 'Trump's Press Secretary Falsely Claims: "Largest Audience Ever to Witness an Inauguration, Period"'. *The Atlantic* 21 January 2017.

Bergh, A. 'Brott ska både räknas och vägas'. *Dagens Nyheter* 5 May 2017.

Bloom, P. 2000. *How Children Learn the Meanings of Words*. MIT Press.

Boghossian, P. 2006. *Fear of Knowledge. Against Relativism and Constructivism.* Oxford University Press.

Boroditsky, L. 2001. 'Does Language Shape Thought? Mandarin and English Speakers' Conceptions of Time'. *Cognitive Psychology* Volume 43, pp.1–22.

Borowitz, A. 'Scientists: Earth Endangered by New Strain of Fact-Resistant Humans'. *The New Yorker* 12 May 2015.

Bowell, T. Kemp, G. 2009. *Critical Thinking. A Concise Guide.* Taylor and Francis

Brenan, M. 2019. 'Americans' Trust in Mass Media Edges Down to 41%'. *Gallup* 26 September 2019.

Bridges, T. 'There's an Intriguing Sociological Reason so many Americans are Ignoring Facts Lately'. *Business Insider* 27 February 2017.

Brogaard, B. 'Humans are Not the Only Mind-Reading Species'. *Psychology Today* 1 November 2016.

Burgard, J.W. et al. 1969. Smoking and Health Proposal. UCSF Legacy Tobacco Documents Library, Brown & Williamson Collection. File No. 2111.01; August 21. Available at: http://legacy.library.ucsf.edu/tid/ypb72d00.

Call, J. Tomasello, M. 2008. 'Does the Chimpanzee have a Theory of Mind? 30 Years Later'. *Trends in Cognitive Sciences* Volume 12 (5).

Carlshamre. S. 2020. *Philosophy of the Cultural Sciences. [Preliminary Draft]* http://www2.philosophy.su.se/carlshamre/texter/PhilCult.pdf

Carnall, M. 'Facts are the Reason Science is Losing During the Current War on Reason'. *The Guardian* 1 February 2017.

Cederskog, G. 'Medieprofessor riktar stark kritik mot "Aktuellts" inslag'. *Dagens Nyheter* June 2017.

Chalmers, D., Clark, A. 1998. 'The Extended Mind'. *Analysis* Volume 58, pp.7–19.

Christodoulou, D. 2014. *Seven Myths about Education.* Routledge.

Chun, R. 'Scientists Are Trying to Figure Out Why People Are OK with Trump's Endless Supply of Lies'. *Los Angeles Magazine* 14 November 2019

Cillizza, C. 'Donald Trump was a Conspiracy-Theory Candidate. Now He's on the Edge of Being a Conspiracy-Theory President'. *The Washington Post* 4 March 2017.

參考文獻

A Dishonorable Senate'. *The New York Times* 31 January 2020.

'Lawrence Krauss – Debate in Stockholm'. https://www.youtube.com/watch?v=MFAko80vgwg.

'The Consensus on Consensus Messaging', *Skeptical Science* blog 7 August 2019

Ahlström, K. 'Så utnyttjas attacken i Stockholm för att sprida propaganda i sociala medier'. *Dagens Nyheter* 9 April 2017.

Ambrose, G. 'These Coloradans Say Earth is Flat. And Gravity's a Hoax. Now They're Being Persecuted'. *The Denver Post* 7 July 2017.

Anderson, E. 'Feminist Epistemology and Philosophy of Science'. *The Stanford Encyclopedia of Philosophy* (Fall 2012 Edition). Edward N. Zalta (ed.). https://plato.stanford.edu/entries/feminism-epistemology/.

Andersson, U. 2019. 'Högt förtroende för nyhetsmedier – men under ytan råder stormvarning'. *Storm och stilje.*

Andersson Schwarz, J. et al. 2016. 'Migrationen i medierna – men det får en väl inte prata om'. *Institute of Media Studies.*

Arendt. H. 1967. 'Truth and Politics'. *The New Yorker* 25 February 1967.

Ariely, D. 2008. *Predictably Irrational: The Hidden Forces That Shape Our Decisions.* Harper Collins.

Austin, J. 1962. *How to Do Things with Words.* Harvard University Press.

Barry, D. 'In a Swirl of "Untruths" and "Falsehoods", Calling a Lie a Lie'. *The New York Times* 25 January 2017.

Becker, J. 'The Global Machine Behind the Rise of Far-Right Nationalism'. *The New York Times* 10 August 2019.

Beckerman, G. 'How Soviet Dissidents Ended 70 Years of Fake News'. *The New York Times* 10 April 2017.

Benkler, Y. et al. 'Study: Breitbart-Led Right-Wing Media Ecosystem Altered Broader Media Agenda'. *Columbia Journalism Review* 3 March 2017.

Bennet, C. Löwing, M. 'Gymnasister har svårt att klara matematik för mellanstadiet'. *Dagens Nyheter Debatt* 10 April 2014.

Ben-Yami, H. 2017. 'Can Animals Acquire Language?'. *Scientific American* 1 March 2017.

春山之巔 006

另類事實：關於知識和它的敵人

Alternativa fakta - om kunskapen och dess fiender

作者　艾莎・威克福斯 Åsa Wikforss
譯者　葉品岑
總編輯　莊瑞琳
責任編輯　夏君佩
行銷企畫　甘彩蓉
封面設計　鄭宇斌
內文排版　極翔企業有限公司

出版　春山出版有限公司
地址　116 臺北市文山區羅斯福路六段 297 號 10 樓
電話　（02）2931-8171
傳真　（02）8663-8233
總經銷　時報文化出版企業股份有限公司
電話　（02）29066842
地址　桃園市龜山區萬壽路二段 351 號
製版　瑞豐電腦製版印刷股份有限公司

初版一刷 2021 年 1 月
定價 400 元

填寫本書線上回函

Email　SpringHillPublishing@gmail.com
Facebook　www.facebook.com/springhillpublishing/

國家圖書館出版品預行編目 (CIP) 資料

另類事實 : 關於知識和它的敵人 / 艾莎・威克福斯 (Åsa Wikforss) 著 . -- 初版 . -- 臺北市 : 春山出版有限公司 , 2021.01
面；　公分 . --（春山之巔 ; 6）
譯自 : Alternativa fakta - om kunskapen och dess fiender
ISBN 978-986-99492-5-5（平裝）
1. 資訊社會 2. 知識社會學 3. 資訊傳播

541.415　　109020777

World as a Perspective

世界做為一種視野